人はなぜ逃げおくれるのか

広瀬弘忠
Hirose Hirotada

a pilot of wisdom

目次

◎第5章……生きのびるための条件――

図版・表製作／クリエイティブメッセンジャー

プロローグ　古い「災害観」からの脱却を目指して

慣性の法則に支配される現代人――正常性バイアス

私たちひ弱な現代人は、かりに危険に直面しても、それを感知する能力が劣っている。台風や洪水、津波などの災害時に、避難勧告や避難指示がだされた場合でも、これに従う人びとは驚くほど少ない。これは日本だけのことではない。アメリカやヨーロッパでも同じである。これまでの日本や欧米での研究結果によると、災害の被害をさけるために避難の指示や命令などが発令されても、避難する人びとの割合が、五〇パーセントを超えることは、ほとんどないということである。安全に慣れてしまって、危険を実感できないでいるのである。

心の働きに関係することで重要なことがある。私たちの心は、予期せぬ異常や危険に対して、ある程度、鈍感にできているのだ。日常の生活をしていて、つねに移りゆく外界のささいな変化にいちいち反応していたら、神経が疲れ果ててしまう。その結果として想像できるのは、いつもピリピリしている神経症状態にある大勢の人びとであり、社会性に欠けたギクシャクした世のなかだろう。そこでは、まっとうな日常生活は崩壊してしまう。そのようなわけで心は、

〝遊び〟をもつことで、エネルギーのロスと過度な緊張におちいる危険を防いでいる。ある範囲までの異常は、異常だと感じずに、正常の範囲内のものとして処理するようになっているのである。このような心のメカニズムを、〝正常性バイアス〟という。この正常性バイアスが、身に迫る危険を危険としてとらえることをさまたげて、それを回避するタイミングを奪ってしまうことがある。

具体例をあげよう。二〇〇三年の二月一八日に、韓国のテグ（大邱）市（人口二五四万人）で起こった地下鉄火災は、確認されただけでも、死者一九八人以上という大きな犠牲をもたらした。これは、世界の地下鉄火災史上で二番目のすさまじさであった。ちなみに、これまでに最大の死者をだしたのは、一九九五年一〇月に発生した、アゼルバイジャンの首都バクーの地下鉄火災で、二八〇人以上が死亡している。

さて、韓国テグ市で発生したこの地下鉄火災に出合った人びとがおちいった正常性バイアスを、紹介することにしよう。この運命の地下鉄が、テグ市の「中央路」駅に停まったのが、午前九時五二分。その瞬間、一人の放火犯が、容器に入った引火性の液体に火をつけて床に投げた。またたくまに激しい火炎と煙が立ち上り、この「一〇七九」列車の全車両に広がっていった。列車は立往生して、その場で燃えつづけた。四分後の九時五六分。反対ホームに「一〇八〇」列車が到着した。その頃すでに、駅構内には黒煙が充満していた。電源が自動的に遮断されたため、列車は動くことができず、隣接して燃える「放火列車」からの火炎と熱を浴びて、やがて燃え出した。この列車に乗っていたある女性は、「軽い事故が発生したので車内で待つように」というアナウンスがあったと話しているし、別の男性は「しばらくお待ちください」という車内放送を聞いたと言っている。車掌からのこのような連絡情報が、正常性バイアスを起こしやすくしていたのかもしれない。

反対ホームに停まった「一〇八〇」列車のなかで、侵入してくる煙にもじっと辛抱強く静かにたえている人びとの姿が、乗客によって撮影されている。新聞やテレビで報道されたこれらの写真は、正常性バイアスの本質を知るうえで、多くの示唆に富んでいる。だが、これらの写真の掲載は、制限がついているため、残念ながら本書で紹介することができない。

さて、最初の写真の直後に撮られたもう一枚の写真には、鼻を手やハンカチで押さえている人びと、左手に青い袋を持って座席から立ち上がった若い女性など、行動に変化の見られる人びとの姿も写っているが、左手奥の人物や、帽子をかぶった右手前の若い男性のように、じっと同じ姿勢をとりつづけている人びともいる。全体として見ると、何かおかしいと感じているが、誰も危険を意識したうえでの、危機対応の行動をとっているようには見えない。現実に自分たちの身に降りかかっている危険を、理解できないでいるのである。まさに、正常性バイアスが、このように最も危険が迫っている状況下で彼らの行動を支配していた動かぬ証拠を、ここに見ることができる。災害心理学の観点からすると、人間はなかなか動こうとしない動物なのである。

誤りにみちた災害観——パニック神話

社会一般の常識と専門家の知識とが、まったく相反していることは、世のなかにけっして少なくない。災害や事故についても同じである。マスコミ情報も含めてのことだが、社会常識は、古い災害観に根ざしたものである。ところが、専門家の知識は日々の研究・調査によって変化していくため、社会常識と専門家の知識とが、時に大きく背馳《はいち》してしまうのである。たとえば、その一例としてパニックについて取りあげてみよう。

まず読者への質問である。次の①と②のうち、どちらが正しいだろうか。

①地震や火事に巻きこまれると、多くの人びとはパニックになる。
②地震や火事に巻きこまれても、多くの人びとはパニックにならない。

答は②である。

災害や事故に出合って、平常心でいることは難しい。恐れや不安を感じるのは、ごくあたりまえのことだろう。ただそれが、直ちに大勢の人びとが先を争って、お互いがお互いの進路を邪魔する敵のように、互いに踏みつけたり、押しつぶしたりして死傷者を生じるパニックが起こることにはつながらない。つまり、異常行動としてのパニックは、多くの災害や事故ではあまり起こらないのである。パニックはまれだ、というのが専門家の「常識」なのである。

災害とパニックを短絡的に結びつける「常識」のウソを揶揄《やゆ》して「パニック神話」と呼んだりする。災害心理の専門家たちは、「神話」という言葉を用いることで、パニックという人間の異常な集団行動が、災害や事故という突然降りかかってくる破壊現象の隠喩《いんゆ》として利用される短絡化を、やや皮肉っているのである。

さて、パニックという言葉は、ギリシャ神話に登場する〝パン〟という半獣神の名に由来する。パンは、額に角を生やし、足にはヤギの蹄《ひづめ》がある。もともとは、ギリシャのアルカディア地方で、家畜を飼う牧人たちの神であった。途方もない色好みで、美少年や美女を手当たりしだいに漁《あさ》るという精力的な神である。彼は、パンパイプという葦笛を吹き、歌と踊りと酒が大好きな陽気な神である。その彼に好きなものがもうひとつあって、それが昼寝である。牧人でも家畜でも、何かの拍子で、彼の昼寝を邪魔するようなことがあろうものなら、怒り狂ったパンは、大きな音を立てて、人や動物に言い知れぬ恐れを与えるという。そうすると、人びとは恐怖にかられて、親は子を忘れ、子は親を忘れて、理性や判断力をかなぐり捨てて逃げまどう。

一般に、非理性的で、異常な集団的な逃走行動を、パニックと呼ぶようになったのはそんな理由からである。

災害心理の専門家が「パニック神話」と言う時、一般に信じられている「常識」は、間違いだと主張しているのである。災害や事故の際にパニックが起こることは、めったにない。

そんなことを知っても、どうなるものでもない、と言う人もいるだろうが、それはやや早計というものである。このような知識を得ることで、私たちが災害に出合った時に、どのような利点があるか思いめぐらしてみよう。「へえー、そうなのか」と納得して、記憶の引き出しのなかに、この新しい記憶をしまいこむだけなら、一六世紀のイギリスの哲学者、フランシス・ベーコンの言う「知は力」にはならないだろう。

もし、ホテルやデパートの管理責任者がパニック神話の信奉者で、大勢の客がパニックになって大混乱を起こすのを恐れて、火災の発生を知らせるのを遅らせるようなことがあったとしたら、どんなことになるだろうか。大惨事につながりかねない。たとえば、一九七七年の五月に、アメリカ・シンシナティ市の郊外で発生した、アメリカ火災史上で二番目の犠牲者数をもたらしたビバリーヒルズ・サパークラブの大火災で、客がパニックにおちいることを恐れた従業員から客に伝えられた、「ボヤですから心配はいりません」という言葉は、客を安心させるために、意図して火災の規模を実際よりも過小に伝えたわけだが、その言葉を聞いて、客たちは火災を軽く見たため、多くの人びとが避難せずに犠牲となった。この惨事の原因は、パニックではなく、避難するタイミングをうしなったことにある。これまでに起こった大火災のなかには、ホテル、劇場、クラブなどの管理責任者の思い違いが、大きな犠牲に結びついたケース

ギリシャ神話に登場する半獣神、パン（写真提供／オリオンプレス）

がいくつもある。

エキスパート・エラー

災害にも事故にも、すべてがまったく同じケースはない。経験や勘に頼りすぎると思わぬ失敗をする。警察や消防など災害救援のエキスパートにとっても、経験と知識にもとづいて熟知している既知の部分と、そのたびごとの新たな展開の裏に隠れた未知の部分とが混在している。

特に、限られた情報のもとで、迅速な判断と行動を迫られる場合には、救援のベテランでさえ、時に致命的な誤りを犯してしまうことがある。その意味で、どのような災害や事故も、程度の差こそあれ未知との出合いを含むのである。ちょっとしたタイミングや状況判断の適、不適や、行動の有無がもたらす運、不運が生死を分けることもある。ひとつの例をあげよう。

二〇〇一年の九月一一日。アメリカで起こった同時多発テロでは、三か所のテロ現場のなかで、ニューヨークの世界貿易センタービルへの攻撃が最大の犠牲者をもたらした。世界貿易センタービルの所有者は、ニューヨーク・ニュージャージー・ポートオーソリティという機関で、ニューヨーク市とニュージャージー州をつなぐ橋やトンネル、地下鉄（PATH）などを管理・運営するだけでなく、J・F・ケネディ、ラガーディア、ニューアークの三空港を管轄している。また、この機関は、独自の巨大な警察組織も保有している。この機関の運営には、市民からの税金は一セントも使われず、ビルの賃貸料、有料道路や地下鉄などからの収益を諸経費にあてるという、やや風変わりな機関である。

テロ以前、本部は、世界貿易センタービルのなかにあった。テロ発生直後に、ビルのなかで逃げ場をうしなった被災者と警察との間でかわされた電話や、ポートオーソリティの職員間で行われた無線の交信記録が、この機関によって開示された。この開示記録は二〇〇〇頁にもおよぶ厖大《ぼうだい》なものであるが、犠牲者と警察との間のなまなましい会話を知ることができる。

世界貿易センタービルのテロでは、二八〇〇人ほどが犠牲となったが、ポートオーソリティからは、八四人の犠牲者をだしている。そのうち、三七人が警察官であった。

このような大混乱のなかでは、警察といえどもミスはさけられない。

午前八時四六分、アメリカン航空の一一便が世界貿易センタービルのノース・タワーに激突して、九四階から九八階までが破壊された。このタワーの六四階には、ポートオーソリティのオフィスがあって、一六人の職員が働いていた。彼らには、避難に必要な十分な時間があったにもかかわらず、警察の判断ミスにより避難の機を逸し、二人を残して一四人が死亡する惨事となった。橋梁・トンネル部の部長パトリック・ホーイ（五三歳）と、緊急対策本部は、電話で次のような会話をしている。

（アメリカン航空機によるノース・タワー激突のほぼ二五分後で、ユナイテッド航空一七五便がサウス・タワーに激突した直後のことである。）

ホーイ　「私は六四階にいます……。私といっしょに二〇人ほどがいます」

巡査部長「了解」

ホーイ　「どうしたらいいでしょう。じっとしていたほうが？」

巡査部長「じっとしていてください。あなたのところに火はでていますか」

ホーイ　「いいえ。床の上に煙が少しばかり」

巡査部長「注意してください。非常階段のそばにいて、警官が上ってくるのを待ってください」

ホーイ　「警官はいったい上ってくるのですかね？　わかりました。彼らは一階一階調べるのですか。私たちがここにいることを伝えてくれると助かるのですが」

巡査部長「わかりました」

このようにしてほぼ一時間が空費された。ホーイは再び警察に電話をする。

ホーイ　「煙がどんどんひどくなってきた。階段を下りようと思っているのですが、わかりますか」

当直警官「ハイ、脱出をはかってください」

ホーイ　「了解。バイ」

一六人は、一〇時八分に階段を下りはじめた。だが、避難の途中でタワーが崩壊した。二人は瓦礫《がれき》のなかから救出されたが、ホーイを含め一四人が死亡した。六四階より上の階でも、多くの人びとが避難に成功していたにもかかわらず、救援のエキスパートへの過度の信頼が、ホーイらの自衛・自助行動の開始を阻害してしまったのである。私たちは、災害時にはエキスパート・エラーがありうることを、つねに念頭に置くべきである。最終的に自分の身を守るのは自分自身であることを、しっかりと自覚していなければならないだろう。

つくり出される災害

より豊かで快適な生活を求める人間の営為が、それまでそこにあった自然を変えていく。このようにして集積された自然に対する人為のインパクトが大きくなっていくと、反作用としての新しいタイプの災害が、次々と現われてくる。私たちは、それらに一つひとつ対応していかなければならないのである。いかに激しく自然が猛威をふるったとしても、そこに人間の営みがなければ災害はない。けれども、そこに人間の営みがあれば、とどまることなく不断に自然に働きかけるその営みそのものが、新たな災害の原因になりうるのである。効率化をはかるために、自然環境を無思慮に改造していくと、緩衝機能をうしなった大自然は、たとえわずかな変動であっても、それを増幅して私たちにかえしてくる。

近年、冬の西ヨーロッパを襲う大洪水の主要な原因にも、人為が深く関わっている。化石燃料の大量使用による地球温暖化のため、ヨーロッパでは暖冬がつづいている。その結果、国際河川の源流がある山岳地帯で、雪どけが促され、また流域で冬に大雨が降るようになった。そのため、大量の水が河川に送りこまれるようになったのである。それだけではない。ライン河を筆頭にヨーロッパの国際河川では、一九世紀より水運の便宜と洪水対策のため、河川の蛇行部分を削り、まっすぐにする〝整形工事〟が行われてきた。流れに〝遊び〟がなくなったため、かつてはゆっくりと流れていた大河の流速が、それまでの二倍にもなってしまったのである。そして河岸を堤防で固めたことによって、流域の氾濫原が洪水時の貯水機能をうしなってしまった。加えて、森林の乱伐と道路のアスファルト舗装によって、大地の保水力に頼ることができなくなってしまった。そのため、降った雨が、猶予なしに河川に流れこむことになったのである。ドイツ、フランス、ベルギー、オランダなどを毎冬のように襲う大洪水には、このような人為的な原因が関わっている。河川の改修や護岸の整備など、本来は防災を目的にした行為自体が、逆に洪水の脅威を増幅してしまったのである。

もう少し古い話をしよう。〝エジプトはナイルのたまもの〟と言われる。古代エジプト文明は、季節的に氾濫をくりかえすナイル河が、上流からもたらす肥沃な土壌の上に繁栄した農業文明であった。紀元前の数千年も前から、ナイル河畔では、七月から一一月にかけての増水期になると溜池に水をひき、有機質に富んだ泥土を沈殿させ、その上に小麦などを蒔いていたのである。ナイル河の激しい増水は、恩恵をもたらすことはあっても、災害ではなかったのだ。

いつの頃からか、人びとの生活が農業だけではなく、商業、貿易、そして工業に依存するようになるにつれて、人口は増えて稠密《ちゅうみつ》になり、食料の増産が必要となった。そして、ナイルの氾濫原にも多くの人びとが定住するようになった。すると、増水は恩恵だけではなく災害にも変わったのである。災害を防いで恩恵をどう利用するか、と考えるようになるのは、ごく自然ななりゆきである。科学技術の進歩は、このような思考をする人間に、自分たちがいまや自然を改造する力をもった、との自信を深めさせたのである。この時、ナイルは単なる自然のたまものではなくなり、積極的に制御して利用すべき資源となった。

一九七〇年に完成したアスワン・ハイ・ダムは、このような思想のひとつの帰結であった。洪水という災害を防ぎ、農業のための灌漑《かんがい》用水の確保と、工業化に必要な電力を産みだすための自然改造だった。その結果はどうだっただろうか。広大な不毛の土地が耕地として利用可能になり、小麦や綿花の作付け面積は拡大した。また、水力発電で産みだされた電力は、社会生活や経済発展に役立っている。だがその反面で、ナイルが毎年大量に運んできていた肥沃な泥土はダム湖に堆積して、ダムそのものを危うくしたばかりか、下流域にナイルのたまものである天然の肥料をもたらさなくなった。そして塩害の発生である。灌漑によって、土壌中の塩分を溶かした地下水の水位が上昇して、農作物に被害をもたらすようになったのである。

私たちの災害観は、かなり古めかしいのである。二一世紀の災害には、原子力災害さえも古典的と言わしめるほどの新しい災害が加わってきている。次々と現われる未知の感染症や環境破壊、生物・化学テロなども新しくリストに加えられるだろう。これらを未然に防止し、防止できなかった場合には緊急対応して被害の拡大を阻止し、さらに再発を防ぐ努力をする。私たちが上手に災害に対処するためには、災害それ自体と、災害に直面する人間心理に対する知識や洞察力が必要である。本書は、特に人間の心理と行動に焦点をあてている。災害時の人間の心理や行動を知ることで、自分自身や家族、そして社会にまでおよぶ災害のダメージを減じていくことができるという観点から、私たちのおちいりやすい心理的な罠について、また、危険を感知する能力を研ぎすますために必要なこと、何を、いつ、どうしたらよいのか、などについて詳しく述べる。本書は、また、災害によるリスクを減じるために、私たち自身の心的過程や行動特性に内在する災害の誘発要因や促進要因を解き明かし、いかにすれば災害を管理できるか、その道筋を示そうとしている。そして最後に、災害が私たちの社会におよぼす影響についても言及する。

第1章　災害と人間

災害とは何か

どんな災害にも原因がある。これを災害因と呼ぶ。たとえば、地震、火山の噴火、津波、台風などは災害因である。注意を要するのは、災害因と災害を、はっきりと区別しなければならないということである。災害因はあくまでも原因であり、原因があるからといって、かならずしも、その結果としての災害が起こるわけではない。それはあたりまえのようであるが、これから話を進めていくうえで、あらかじめきちんと分離しておかないと、話が混乱する恐れがある。

たとえば、人跡未踏の地に大地震が起こったとしても、それは災害ではない。大地震の発生は災害因である。けれども、災害因によって被害を受ける人間や、コミュニティがそこになければ、震災という災害にはならない。また、言うまでもないことだが、災害因が発生したとしても、微小地震のように、そのエネルギーが、人びとや社会に破壊力をおよぼすほど大きくない場合も、災害にはならない。

ひとつの例を考えてみよう。いまから数百年後の未来都市を想像してみる。そこには、堅固な人工地盤の上に、超高層ビルが林立し、交通手段の乗りものは空中を移動するために、地殻変動の影響を受けることがない。加えて、科学技術の進歩により、いつ、どこで、どの程度の地震が起こるかについての直前予知が可能になっていて、危険な場所にいる住民に対しては、地震警報と、必要とあれば避難の指示が直ちに伝えられる。また、これと同時に間髪をいれず、スムーズな避難の体制がとられる。このような大都会を、かりにマグニチュード八クラスの巨大地震が襲ったとしても、まず、震災が起こることはないだろう。

災害因の発生するところに人間社会が営まれていて、しかも災害因がもたらすインパクトに十分にたえることができず、破壊的な人的・物的な損害が生じる時、災害は誕生する。したがって、かりに災害因の破壊力が強大でも、人間社会がそれに十分にたえることができれば、災害は発生しない。これを裏から見ると、人間社会が、災害因に対する脆弱性《ぜいじゃくせい》をもつ時、災害因は災害を発生させる、ということができる。たとえば、一九二三（大正一二）年の関東大震災での死者・行方不明者は、一四万二八〇〇人であった。死傷者の大多数は東京市の住民で、この時の東京の震度は、一九九五年の阪神大震災の神戸に比べても、かなり低かった。それでも、これだけ大勢の犠牲者がでているのである。ちなみに、阪神大震災での犠牲者は六四〇〇人余りであった。二つの震災の被害の大きさを比べてわかることは、災害因がもたらす物理的な破壊力が、直ちに災害そのものを引き起こすのではなく、社会やコミュニティが、その破壊力にどのくらい脆弱であるかで、災害になるかならないか、また、どの程度の規模の災害になるかが決定されるのである。

このように見てくると、災害という現象のアウトラインがしだいにはっきりしてくる。図1に示すように、まず、災害因が生じて環境にインパクトを与える。もし、そのインパクトが環境に変化をもたらすほどのものでなければ、災害因があっても、災害は起こらない。しかし、不幸にしてそれが環境に変化をもたらす場合には、次の段階に移る。その地域にいる個人、家族や学校・職場などの集団や組織、さらには、社会生活や政治・経済・医療・福祉などの社会システムの機能、電気・水道・ガスなどライフライン、交通・通信や住宅・生産活動を行うもろもろの施設・建物などのインフラストラクチャーが、環境の変化に対して十分な頑健性をもっていて、環境の変化を吸収する適応性があれば、災害は起こらない。もし、かりに災害が起こったとしても、軽微なものにとどまるだろう。すでに述べた未来都市の場合がそれにあてはまる。

個人や社会システム、インフラストラクチャーなどが頑健性を欠き、環境変化に適応できない場合に、災害が発生する。その結果、個人の生命・財産は危険にさらされ、社会システムは機能不全になり、インフラストラクチャーは損なわれる。このような破壊現象を災害と呼ぶのである。

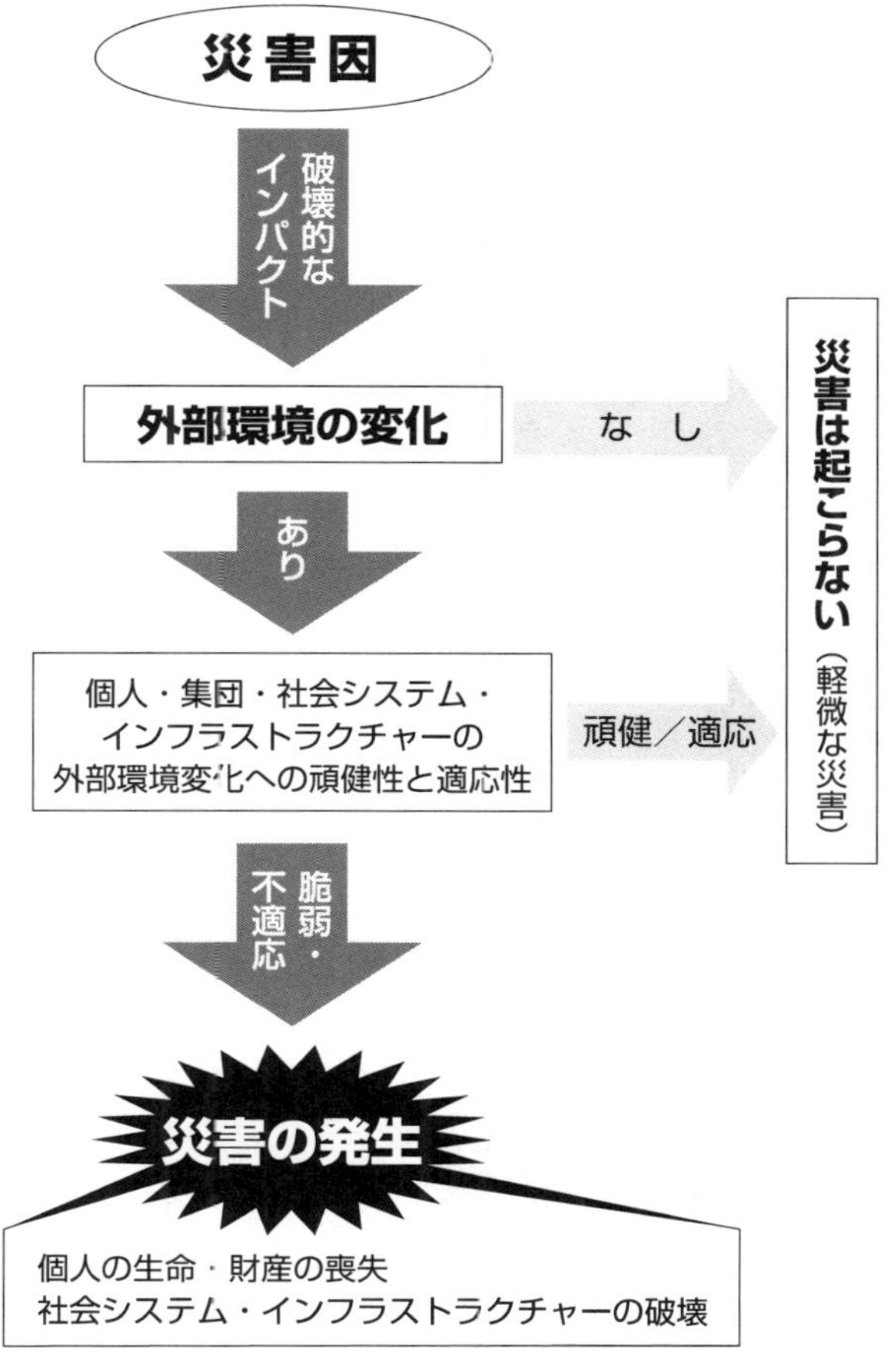

図1　災害発生のフローチャート

災害時の人間行動——災害心理学的アプローチとそこからわかること

災害心理学は、ほぼ六〇年前に誕生した心理学の新しい領域である。大災害や事故、戦争、テロなどに巻きこまれた被災者の心理や行動を観察し、そこに典型的に見られる特徴を整理する研究が、最初に行われた。その結果、災害下の人びとのライフストーリーが、鮮明に理解できるようになったのである。次いで、傷ついた被災者の心を癒す作業や、避難行動、災害警報の伝達、災害とコミュニティの関係、復興計画など、災害時のリスク軽減のための研究に関わりをもちつつ、研究の領域をしだいに広げてきた。最近では、警察官、消防士、兵士など、緊急事態と職業的に関わる人びとの心理や行動に焦点をあてた実証研究も、数多く行われるようになってきている。

災害心理学の研究からさまざまなことがわかってきた。災害という非常時でも、多くの人びとはかなり理性的に行動し、パニックなどの異常行動や、略奪や暴力行為などの逸脱行動が実際に起こることは少ない。最近になって、災害は被災者に身体的な外傷や経済的損失を与える以上に、心に深い傷を負わせて、しばしば心的外傷後ストレス障害（Post-Traumatic Stress Disorder：ＰＴＳＤ）として、長い年月にわたり被災者を苦しめることも明らかとなった。さらに、ＰＴＳＤに苦しむ被災者に対する実践的な心理療法を通じて、経験的な知識を積み重ね、被災者の心的障害について、脳生理学、精神医学などとの協力のもとに、心理・生理学的な理解を深めてきたのである。

このほかにも、一般にあまり知られていないことがらだが、救援のために被災地を訪れる一般のボランティアのなかに、災害現場の悲惨さと、混乱の渦中で、心的なストレスが高まり、カウンセリングなど心理的ケアが必要になる人がでてくることがわかっている。阪神大震災の時にはかつてなかったほどの大勢のボランティアが現地を訪れて被災者を支援したので、ボランティア元年と呼ばれるが、これら多くの災害ボランティアは、それまでこの種の活動に参加したことのない、ボランティア一年生であった。そのような人びとが、日常と断絶した災害の惨状のなかへ投げこまれた時に、いったいどのようなことが起こるか。阪神大震災の時には、あまりの被害のすさまじさに、心的外傷体験にいたるまでのショックを受けてしまった学生ボランティアや、高揚感から昼夜の別なく働き、〝燃えつき〟てしまった若い教師の話を、私は聞かされたことがある。被災者へのメンタルケアは言うまでもなく、災害ボランティアへのメンタルケアの重要性を指摘したのも災害心理学であった。

警察官や消防士、兵士などのように職業的な訓練を受けた人びとでさえ、精神的なストレスは大きい。アメリカのメリーランド州ベセスダにある国立精神衛生研究所内の「緊急事態の精神衛生研究センター」が定める職業的救援者の管理マニュアルでは、救援活動中および活動後のストレス障害をさけるためには、専門家による定期的カウンセリングを受ける必要があるとされている。また、カウンセリングだけではなく、熟練した指導者が中心となり、互いが互いを受け入れる受容的な雰囲気のなかで、心を開いて正直な感情を吐露しあうディブリーフィングという会合を頻繁に開きストレス反応を緩和する必要があることが、災害現場における調査からわかってきた。

もし、持続する心的ストレス反応をそのままにしておくと、警察官や消防士、兵士など職業的救援者もまた、トラウマ（心的外傷）を負ってPTSDに苦しむことになる。

阪神大震災の時の話である。ある警察官は、倒壊した家の下敷きになって死亡した弟を収容してほしいと頼まれたが、生存者を優先して救助しなければならないため、手を貸すことができなかった。また、ある消防士は、救出活動をしている間に火が迫ってきて、生存者をみすみす見殺しにしなければならなかった。これらの警察官や消防士は、トラウマを負うことになる。災害時のメンタルケアは重要な課題であるが、この分野の仕事は、臨床心理の専門家との協力が欠かせない。

災害対応の類型

将来起こるかもしれない災害の基本的性格を、私たちがどのように理解し認識しているかによって、その災害に対する私たちの態度や災害時の行動がちがってくる。数えきれないほど多様な災害のなかから、私たちに最も関心がある災害の要素をさぐってみよう。まず最初に思い浮かぶのは、災害の規模、つまり災害がもつ衝撃と破壊力の大きさだろう。これは災害の被害を受ける人間の側からすれば、被害の規模と言いかえることができる。次に、私たちの関心があるのは、その災害を、制御できるかどうかということだろう。災害の制御というと、かなり大それた感じがしないでもないが、二つの側面がある。第一は、災害因に働きかけて未然にその発生を予防したり、インパクトを軽減したりすることである。地震や火山の噴火、台風の襲来などを回避したり、そのエネルギーを緩和したりすることは、いままでのところ不可能で、これは遠い将来の課題である。現状では、この面での災害の制御は無理である。

第二は、災害因の発生は回避できないとした時に、災害因と災害との間に介入して、人間社会にもたらされる破壊の規模を最小化する防災・減災の手段があるかないか、ということである。もし、たとえば災害因の発生を事前に予知して避難することができれば、被害を最小限に抑えることができる。そこで当面の間、私たちの関心事は、いかにすれば災害の被害を小さくすることができるか、ということになる。したがって、ここで取りあげる災害の制御可能性とは、第二に取りあげた被害に対する制御可能性である。

さて、災害の大きさと制御可能性の有無との組合せから、私たちの社会や私たち自身の災害への反応タイプが決まってくる。図2は、五つの反応タイプ（過剰反応・諦め・費用便益反応・がまん・無関心）を説明している。

ある災害因が発生した場合、大きな損失が予想されるとしよう。だが、他方で、もし特定の行動をとれば被害を小さくくい止められるとしたらどうだろうか。そのような時には、かりに、その災害因が発生する可能性は客観的にはかなり低いとしても、対応行動は迅速に実行されるだろう。

だが、どのような対応行動をとるにしてもコストがかかる。たとえば災害因の影響をさけるために避難をするという対応行動がとられた場合の、さまざまなコストを考えてみよう。住民を避難させるにあたっては、警報や避難勧告などを発令し、それを伝達しなければならない。これは国や地方自治体など行政のなすべきことである。また同時に、人びとの避難行動をサポートする市町村や都道府県などの行政側は、支援体制を整えなければならない。そのなかには避難所の設営や避難者の安全な移動手段の確保などが含まれるが、いずれにしてもさまざまな

規模 ＼ 制御		災害の大きさ（被害規模）		
		大	小	閾下
被害の制御可能性	有	過剰反応（パニック）	費用便益反応	無関心
	無	諦め	がまん	

図2　社会や個人の災害への反応タイプ

場面でコストがかかる。一方、避難者の側でも、仕事を休んだり、営業活動を停止しなければならない。不安や恐怖にかられるなどの精神的負荷もコストに計上すべきだろう。

さて、災害因の発生確率がきわめて低い場合には、これらのコストの総計は、災害因がもたらすであろう予想被害とその客観的な生起確率の積で定義される被害の期待値を、しばしば上まわるのである。これは一面では費用をかけて安心を買う保険行動ではあるが、コストが便益を上まわるという意味で過剰反応と呼ぶことができる。図2の、過剰反応の下に括弧でパニックとあるのは、パニックは過剰反応の一種であり、あわてふためいた過剰反応の時にパニックが起こる危険があることを示している。

災害因のインパクトが強力であるが、こちら側に〝打つ手〟がない場合には、「諦め」の反応が目立つようになる。ひとつの例をあげてみよう。東海地震は、一九七六年にその危険が指摘され、七八年には、この地震をターゲットにした「大規模地震対策特別措置法」（略称、大震法）が施行された。そして、東海地域では、地震の前兆をとらえるための、これまでに世界で類を見ない稠密《ちゅうみつ》な観測網が敷かれたのである。大地震の起こる数日前に発生を予知する直前予知が可能ならば、地震警報である警戒宣言を発令することができて、東海地震による被害を劇的に減らすことができる。

直前予知が可能だとする楽観論に対しては、当時はもちろん、現在ではもっと多くの地震学者がかなり懐疑的だ。そして、懐疑的なのは地震学者だけではない。一般の市民も同様である。私たちのチームは、同じ調査対象者をくりかえし調査するパネル調査という方法を用いて、静岡県で一九八〇年から八三年にかけて四回のアンケート調査を行った。その結果によると、東海地震の科学的な直前予知については、「できない」という人びとが全体のほぼ半数。被害については、「いくら対策を立ててもやはり多くの犠牲者がでる」という人びとがこれも半数いた。

このように、巨大地震の被害を減じることは、人為をもってしては不可能だと信じる人びとの場合は、地震の危険地域から、安全なよその場所への移転をするか、「運を天にまかせ」て「なるようにしかならない」と諦めるほかはない。静岡県民だけでなく、日本人全体に言えることのようだが、大地震については「諦め」の反応が目立つのである。

災害因のインパクトが小さく、しかもなんらかの対策を行えばさらに被害の軽減をはかることができる場合に典型的に見られるのが、費用と便益の対比を重視した反応である。ここでの特徴は、もし、巨費を投じて被害を軽減したとしても、投入された費用が、減少した被害に見合わなければ、むだな投資をしたことになる。もし、帳尻が合わないという予測が成り立つ場合には、災害対策は行われないことになる。だが、もしその逆に、投入した費用よりも軽減される被害のほうが大きい場合には、災害対策は積極的に行われる。この種の災害に対しては、きわめてドライに費用と便益を比べて、便益が優る範囲内で災害への対応がなされるのである。税金のむだ遣いをさけて効果的な災害対策が行えるのは、災害因のインパクトが小さく、しかも被害の制御が可能な場合に限られると見てよいのではないか。

東京の都心を流れる神田川は、梅雨期にしばしば氾濫を起こした。都心の洪水による被害はいかにも高くつくので、この川については積極的に厖大《ぼうだい》な改修費用が投入され、護岸や浚渫《しゅんせつ》工事が行われ、地下に巨大な洪水調整用の貯水池までつくった。さらに、警報システムを整備して、洪水時には迅速な避難ができるような体制を整えた結果、洪水の被害はいちじるしく軽減された。同じ洪水が頻繁に起こる河川でも、それが過疎地を流れているのであれば、これほど手厚い対策はこうじられなかったであろう。防災対策費に見合うだけの被害の軽減が期待できないからである。私は、大学三年生のゼミで、二〇人ほどの学生に向かって、「この一年間にインフルエンザのワクチン接種を受けた人はどのくらいいるか、手を上げてください」と聞いてみた。一人として手を上げた学生はいなかったのである。ワクチンの接種をすれば、インフルエンザにかかる危険をかなり減じることができる。だが、医療機関に出かけていって、一回二〇〇〇円から五〇〇〇円もする注射を二回もしなければならない。彼らにとっては、コストが大きすぎて、費用が便益を上まわっているのだと想像した。そこで、今度は次のような質問をしてみた。「大学受験の前に、インフルエンザ・ワクチンの注射を受けた人は手を上げてください」。すると、ほぼ半数の学生が手を上げたのである。彼らにとって受験期にインフルエンザにかからないですむという便益は、ワクチン接種のコストを上まわると認識されていたのである。インフルエンザという「災害」に対して、大学生たちは合理的な意思決定をしているようである。

災害因のインパクトが小さく、しかも、何をしても被害の軽減ができない災害の場合には、不自由や不都合を「がまん」するという反応が現われる。夏場の異常渇水などが、このような災害にあたるだろう。

また、災害因のインパクトが、私たちの日常の意識にのぼらないほど小さな場合には、被害を軽減する手段があってもなくても、ほとんどなんの対策も行われず、私たちも社会もその災害に無関心のままとなる。

災害の衝撃から回復まで

これまでの研究の知見をまとめて、災害の衝撃を受けた時の人間行動から始めて、傷ついた被災者の心身が癒されていく過程、損傷を受けたコミュニティの機能が回復し復興していく段階、そして、被災者個人やその家族、社会が、災害状態からしだいに離脱していく姿を、時間の経過とともに追っていくことにしよう。

1．衝撃時

衝撃の長さは、災害の種類によって、さまざまである。大地震でも、主要な地震のショックはせいぜい数十秒であるが、もしそのあとに火災が発生して、大火災にでもなると、完全鎮火まで、最長でまる二日にどかかる。

大災害の衝撃を受けると、多くの人びとは、最初は何が起こったかわからず茫然となるが、その直後に驚愕《きようがく》状態におちいる。しかし、この状態も長くはつづかない。重傷を負ったり、瓦礫《がれき》の下で身動きできない場合は言うまでもなく、軽傷ですんだり、幸いにして無傷であった人たちの場合でも、その心理は、この時点で緊急対応モードに切り替わるのである。図3に示すように、目の前の災害への恐怖や不安など、心的な活動性は抑えこまれる一方で、身体を緊張させて〝火事場のバカ力〟を発揮して急場を乗り切ろうとする。災害の衝撃が発生し、それが持続する間、恐怖や不安を意識する余裕が与えられない。このようにしてむだなエネルギーのロスを少なくして、すべてのエネルギーを身体活動に投入するので、身体的な活動性はますます上昇し、ピークにまで達するのである。

2．虚脱状態

災害の衝撃が終わる頃、図3が示しているように、人びとは、極度の身体的緊張と心的活動の停止状態にある。感情停止、生存優先の心身の状態から、思考や感情をともなう人間の行動への「スイッチの切り替え」が必要になる。この切り替えをしている間、被災者は一種の虚脱状態におちいる。虚脱した心のなかに、災害を生きのびたことでよろこびを感じる人がいる一方で、あまりの悲惨な状態に呆然として思考がとりともなく混乱する人がいる。被災した自宅の前に立ちつくしていたり、重傷を負っていても、ほとんど痛みを感じないというのもこの時期の特徴である。

この無防備状態の被災者が、略奪や暴行を受ける危険がある、というのは俗説で、実際にはむしろ近隣からの愛他的な救援活動が、このような人びとに向けられる。

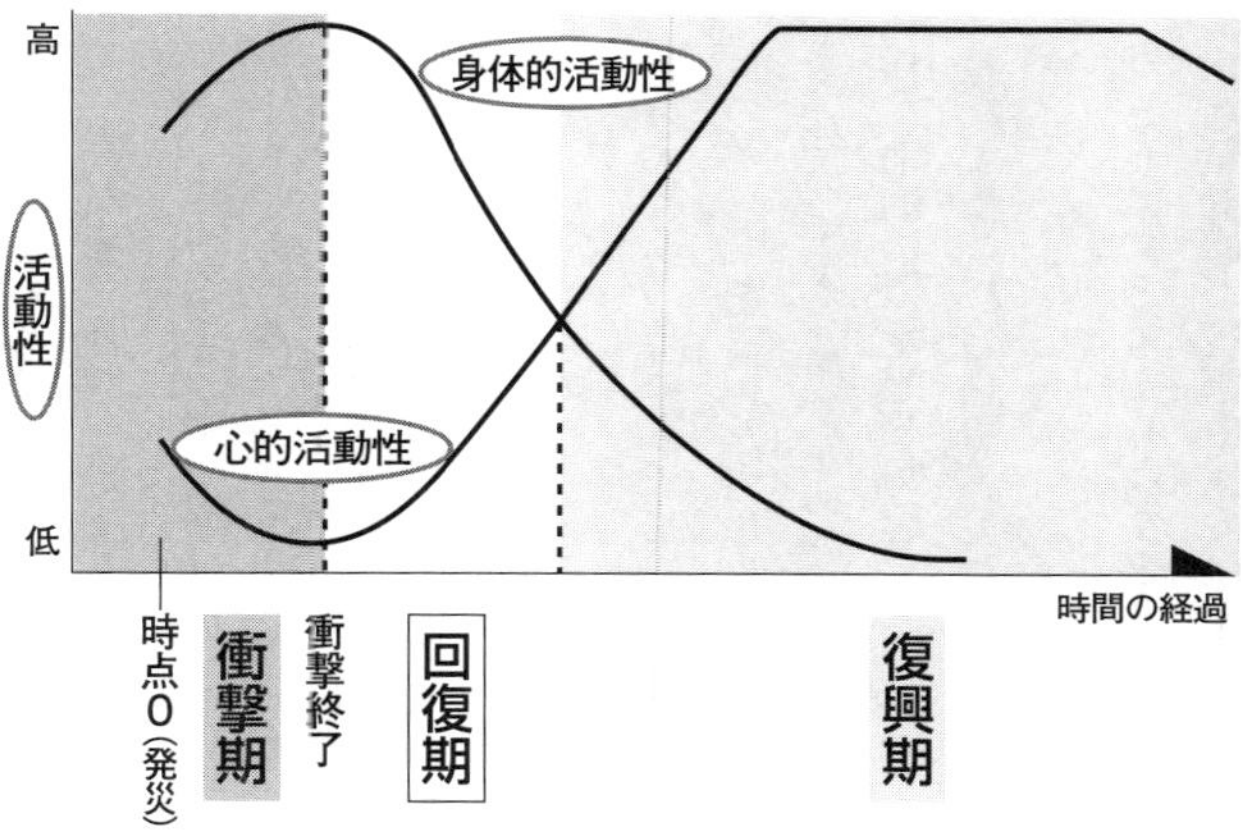

図3　災害時における心と体の活動性

この虚脱状態はそう長くはつづかない。多くの調査研究が示すところでは、一時間も経たないうちに、ショック状態から回復し、ほかの被災者の救援や、自分自身が負傷している場合には、病院へ行くなどしっかりとした行動がとれるようになる。同じ災害を切り抜けたものどうしが無事をよろこびあい、この時期、多くの人びとが、次に述べる災害後のユートピア段階を経験する。

3．災害後のユートピア

災害の衝撃が終わり、緊張していた身体はゆっくりとほぐれていく。同時に、心は、図3に示されているように抑圧から解放されて、しだいに息づいてくるのである。この一瞬の間といってもよいほどの短い期間、不安や恐怖はまだ抑えられている一方で、過酷な災禍を生きのびた人びとの間に、ホッと安堵する気分と、一瞬の至福感にも似たよろこびの感情が湧き上がることがある。この段階を多幸症段階と呼んだり、災害後のユートピアと呼んだりする。

たとえ自分自身が被害を負ったとしても、過酷で地獄の底につき落とされたような経験をしたあとに、すべてが破壊されたわけではないことがわかる。これは被災者にとって大いなる救いである。そして、厚意と同情にみちた救援と支援の手が差しのべられ、被災者は温かい人間的な結びつきを確認し、死の淵を目前にして生還した自分自身の再生を、虚脱した安らぎのなかでよろこぶのである。

関東大震災の時にも、この不思議な至福感を体験した人がいる。作家の倉田百三は、『出家とその弟子』を書いた二年後に、関東大震災に遭遇した。彼は当時の総合雑誌「改造」に、「もう死ぬやうな事はないと思ふと其事の悦びの為めに他の事を考へないで、反つて一種の放たれた幸福に似た感じが起きて」と書いている。とりあえずなんとか生きていられた、という素直なよろこびの感情が、この少壮作家の心をみたしたのであろう。ここで、「他の事を考へないで」と書いているところが重要である。自分のまわりでは多くの被害がでているが、それは別として、ともかくなんとかこの試練から解放されたというホッとした気持ちである。このような至福感が災害直後のユートピアの共通感情である。

同じ「改造」の大震災号のなかで、すでに三〇代の後半にあった大正期を代表する著名な画家であり、『宵待草』の作者として詩人でもあった竹久夢二が、多少の恥じらいを見せながら次のように書いているのも見逃せない。

「私自身が命を助つてゐるのだから、さう言つては申訳ない気がするが、しかしお気の毒だとか、可哀さうだとか言つたゞけでは、どうも心持に添はないものが残る。もつと何かしら心の躍上るやうな、喜びでも、悲みでもない、この大きな感動を、さて何と言つたらよからう」。ここで夢二が語っているよろこびでもなく悲しみでもないこの躍動感こそ、凍結していた心が解凍されていく時の心の動きを表わしているのだ。

広島で原爆に遭った作家の大田洋子も、アメリカの精神科医、ロバート・リフトンのインタヴューに答えて、屍《しかばね》の街で被爆直後のある朝、目覚めた時に、自分がまだ生きていたことに激しいよろこびがこみ上げてくるのを感じた、と語っている。このような感動が被災者どうしを結びつけ、のちに述べる非常時規範が生じる心理的基盤となる。

4．避難と救援活動——遠心的行動と求心的行動

阪神大震災では、阪神高速道路は言うにおよばず、国道や県道は各所で寸断され、新幹線、JR在来線、私鉄各線、地下鉄も大きな被害を受けた。ただ幸いなことに、幹線道路では、国

道2号線の被害が比較的に小さかった。地震発生の数時間後には、国道2号線の神戸方面行きの車線は、消防、警察の車両と救援物資を運ぶトラックの群、テレビや新聞などマスコミの車両などで大渋滞を起こしていた。不思議なことに、対向する大阪方面への車線は、かなり空いていた。通常の大災害の場合だと、被災地からのがれて安全な場所へ移動する人びとの車で、この方面への車線も大渋滞するはずである。だが、阪神大震災では、多くの被災者は、道路が通行できなくなったために、車を使った避難ではなく、同じ町内の避難所へ徒歩で避難したのである。

多くの災害の場合、災害直後の被災地では、避難場所を求めて被災地から外部へ向かって移動する人や車の群と、その逆に被災地の中心へ向かう救援部隊や救援物資を運ぶトラック、医療チーム、マスコミなどの車列がぶつかりあい、交通が大混乱して救援活動に支障がでる。

被災地から外部への移動を遠心的行動、外部から被災地内部への移動を求心的行動という。この遠心と求心の大移動が災害時の特徴だが、大災害時にはUターンの流れが現われる。これは同じ人びとに、遠心と求心の両方がともに現われる現象である。災害をさけて避難した人びとが、いまだ火災や建物の倒壊の危険があるうちに、肉親をさがしたり、家財の安全を確かめたり、貴重品のもち出しを行うために被災地に再び戻ってくるのである。このような流れが交通混乱にいっそうの拍車をかける。そして同時に、被災者が二次災害に巻きこまれる危険も増ことになる。災害時には徹底した交通規制を行う必要があるのは、何よりも重傷者に緊急医療を施さなければならないからである。阪神大震災の場合にあったように、交通の大混乱による救援活動の遅れが、被災者の生命を奪うこともある。

5．非常時に特有な社会規範

バビロニアのハムラビ法典の時代から、法律は人びとが守るべき約束ごとの集積であった。倫理や道徳と言っても、それもまたしょせん社会的な約束ごとである。これらの約束ごとを一般に社会規範と呼ぶ。私たちは、人のものを盗んではいけないとか、ウソをついてはいけないといった、かなり人類に普遍的な約束ごとから、食事のマナーや他人に対する敬意の表わしかたのように、個別文化的なさまざまな約束ごとのなかで生きている。人間は社会的な動物だと言われている。それは私たちが社会の外側では生きられないということである。社会規範そのものが私たちの心のなかに内在化されているから、私たちは人間でいることができる。絶海の孤島で二八年間生きていかなければならなかったロビンソン・クルーソーにとっても、神を信じることは必要であったし、フライデーという従僕も欠くことはできなかった。神への信仰は、クルーソーが、それまで生きてきた社会とのつながりを実感させてくれるものであったし、フライデーとの主従の関係は社会そのものであった。

社会のもつ規範関係にもとづいて社会生活が営まれることに関しては、災害時も平常時も変わりはない。ただ規範の性質が平常時と災害時では異なるのである。

災害は私たちの身近な環境を激しく変えてしまう。心身に傷を負ったり、家財をうしなったりするこの変化に、適応して生きていかなければならない。災害時には、それまであたりまえであった規範が背後にしりぞき、自然発生的に芽生えてくる非常時規範と呼ばれる新しい社会的なルールがとってかわるのである。災害直後に人びとは、非常時規範に従うことで困難な事態を切り抜けようとする。私たちは、ここに人間の知恵の巧みさを見ることができる。

この新しいルールの特徴は、個人の勝手な自由を抑えて平等化をはかる、ということである。災害を経験した人びとの間に、束の間ではあるが、運命共同体の意識が湧き上がってくる。このような親密な感情を互いに共有することで、相互に助けあう行動が強く触発されるのである。それまでは弱肉強食で、強いものが弱いものをきびしく支配する社会でも、この非常時規範のもとでは、災害の被害を受けることの少なかったものが、大きな被害を受けたものを助け、強壮なものが弱者に庇護の手を差しのべる愛他行動が誘起されるのである。

一九七〇年にペルーのユンガイで発生したマグニチュード七・七の大地震では、アンデスの氷塊が滑落して大なだれを起こし、五万人以上の犠牲者がでた。文化人類学者らの現地調査によれば、この被災地域には、もともと人種間の対立があったり、貧富や階層の格差があって、しばしば社会的な葛藤を生じていたのだが、地震直後は、貧しいインディオの人びとが自分たちの乏しい食料を避難所に届けたり、富めるものが貧しいものにさまざまな支援をする光景が見られた。しかし、しだいに外部からの救援活動が活発になるにしたがって、救援物資の配分をめぐって、人種的、社会的な対立が再燃するようになっていったという。

かりに敵どうしでも、自分たちの生存のために互いに協力しあわなければならない時、私たちは、それと意識しなくても、協力しあう知恵も柔軟性ももっている。たとえば、運命共同体意識なども、つまるところ巧まざる私たち人類の叡智の創造物なのかもしれない。そして、協力の必要がなくなった時、非常時規範も終焉《しゅうえん》の時をむかえる。

江戸時代に起きた安政大地震の時には、豪商や寺社が、被災者に食料や日用品を提供する施行《せぎょう》を行った。幕府は江戸市中におすくい小屋をつくり、おすくい米で被災者の救済にあたったという。これも非常時規範のなせるところである。この非常時規範は、前に述べた災害後のユートピア段階を契機に誕生する社会規範で、被災者の間に災害を生きのびた強烈なよろこびがあり、運命共同体意識がある限りにおいて保持される比較的に短命な規範である。長くても一〜二週間程度しかつづかない。そして、そのあとは、急速に日常の社会規範がこれにとってかわるのである。弱肉強食と、利己的であることが最大の武器であるような、きびしい現実がその次にひかえている。

6. 回復期

（1） たえがたい記憶

災害がもたらす物理的破壊が終わっても、社会・心理的災害は終わらない。呆然としてショック状態にあった段階をすぎ、ユートピア的な至福の時が終わってみると、被災者の前には、きびしい現実がある。身体的活動性と心的活動性の変化を示した四一頁の図3で、両者がクロスして逆転するあたりから、身体のエネルギーは枯渇して不活発になる一方で、心はその反対に、それまで抑圧されてきた反動でもあるかのように、活発に動くようになる。

衝撃の時の恐怖や不安は、心のなかでは未消化のままになっている。未処理の感情は心のなかできちんと処理されて、しかるべき記憶の引き出しに整理されなければならないのである。そこで、あの衝撃の時には抑圧されて、十分に感じたり考えたりすることができなかったため、消化不良を起こしていた恐怖のシーンや不安が、抑圧する力が弱くなったいま、反芻《はんすう》を求める食物のようにこみ上げてくる。それは、まるで真夏の日射しで熱くなったビール瓶の栓を抜いた時のように、一気にあふれ出してくるのである。

地震から二〇日後に、私が神戸市の避難所で話を聞いた六〇代後半の女性は、阪神大震災の衝撃について語りはじめると、唇を震わせてとめどなく涙を流した。その頃は本震のあとの余震がまだつづいていたのであるが、どんな小さな余震でも、ドキッとしてじっとしていられず跳び上がってしまいます、と言ってしばし絶句した。一人あたり敷ぶとん一枚を敷くのがやっとの狭い避難所だから、夜寝ていても、枕もとを人が歩いたりする。そのドシンという震動でもビクッとするというのだ。この女性の自宅は、避難所から国道を渡って二〜三分ほどのところにあるというので、自宅を案内してもらうことにした。路地の奥にあるその家は、まわりの家々が半壊状態であるのに、ほとんど損傷がないように見えた。だが、家の内部は混乱状態だった。ゆがんでずれた危うい感じの階段を上って二階の一室に案内された。当時、彼女はそこに寝ていて衣装だんすに挟まれて身動きできなくなり、大声で夫を呼んだ。「おとうさん！おとうさん！　おとうさん！」。助け出されるまでの時間がとても長く感じられた。その途中で何度も死ぬのではないかと思ったという。

彼女が自分の家の二階へ上がったのは、私を案内してくれたこの時が、震災以来はじめてだったという。それまでは、あの時のことを思い出すのではないかと恐くて、自分の寝室を見ることもできなかったのである。恐怖の感情はこのようにいかにも強烈である。

地震のためにわが家がくずれて、瓦礫の下に長い間閉じこめられて救助された子供たちは、土の臭いや木の香りにとても強い恐怖反応を示した、ということを阪神大震災のボランティアの一人から聞いたことがある。身動きができず、子供心に死ぬかもしれないと感じている時に、床下の地面や壁土からの土の臭い、裂けた柱や梁《はり》などが発する木の香りを嗅いだのである。子供たちには、この臭いと死の拘禁との間に連合学習ができてしまった。そのため、嗅覚の刺激が恐怖を引き起こすことになったのである。

（2）災害症候群

災害のあと、多くの被災者は心身の不調を訴える。これまで述べてきた恐怖の記憶もその一因であるし、災害でうしなったものへの喪失感、将来の生活に対する不安などもその原因である。私たちは一九七七年の有珠山《うすざん》の噴火の直後に、被災地のなかで最も大きな被害を受けた北海道虻田《あぶた》町の避災者にアンケート調査を行った。その調査結果によると、全体の七六パーセントが「疲れやすい」、「頭痛がする」、「胃が痛む」、「心臓の具合がおかしい」、「持病が悪くなった」など心身の不調を訴えていた。それから二三年後、二〇〇〇年の有珠山噴火の直後にも、私たちは虻田町の避災者に同じような調査を行っているが、それによると、「何となく不安だ」（三八パーセント）、「何かとイライラする」（三四パーセント）、「眠れない」（二九パーセント）など精神的な不調を訴える人びとがかなり多く見られた。

このように、災害後に精神的な症状を訴える人が多いのは、ここ二〇～三〇年間の特徴なのかもしれないと、私は考えている。昔は、そのような訴えをすることをはばかる雰囲気があったと聞いている。それだけ自由にさまざまな苦痛を訴えることができるようになったのはよいことだ。

一九九三年七月の、北海道南西沖地震の時には、津波と火災で、奥尻島《おくしりとう》で死者・行方不明者一九八人をだしている。地震後に私たちがこの島で行ったアンケート調査では、「なんとなく不安だ」（三九パーセント）、「何かとイライラする」（二六パーセント）、「眠れない」（一九パーセント）と、二〇〇〇年の有珠山噴火の被災者と同じように、精神的な緊張と不安感が強く、かなり多くの人びとが抑鬱状態にあることがわかり、大変に気がかりだった。

災害後に心身が不調になり、さまざまな症状が短期間現われるのは、異常なことではなく普通に見られることだ。身体的な症状で典型的なものは、「なんとなく落ちつかない」、「どうしても眠れない」、「寝つきが悪い」、「睡眠時に悪夢を見る」、「急に激しい驚愕反応を起こす」、「全般的な活動力の低下」、「激しい疲労感」、「胃腸の具合が悪い」、「頭痛」などである。

知的能力の障害としては、「集中力が低下する」、「論理的に考えたり、合理的な意思決定ができなくなる」、「記憶が混乱する」、「災害時の悲惨な情景がくりかえし鮮明に思い出されるフラッシュバックの現象が現われる」などの症状が一般的で、多くの被災者の心を悩ますことになる。

また、感情面では、「過度の恐怖感」、「不安感」、「社会から切り離された孤独感」、「行き場のない怒り」、「抑鬱的な気分」、「すべてのことに麻痺したような無感動」、「自信をなくした無力感」、「自分の身がわりとして、ほかの人が死んだり傷ついたという罪の意識」、さらに「他人が悪意をもっているとか、陰口をきいているといった〝感覚過敏〟」などのさまざまな症状が、複合して現われてくる。

これらの症状は数日から数週間くらいつづくことはよくあるが、やがていつとはなしに消えていくことが多い。このような心身の症状を災害症候群と呼んでいる。たとえば、一九八二年の北海道の浦河沖地震の時に、東京大学新聞研究所が行ったアンケート調査では、地震後の一週間に、頭痛、吐き気、胃痛などの身体的な症状を訴えた被災者は、全体の二四パーセント。不眠、倦怠感などの精神的な症状を訴えた被災者は四九パーセントいたが、地震の一か月後には、身体的症状は六パーセント、精神的症状は一〇パーセントへと激減している。被災者の多くには、災害直後から災害症候群が現われるが、しだいにフェードアウトしていき、やがて日常生活のなかで、ほとんど目立たないものとなっていく。だが、このような症状が長期にわたってつづいたり、災害後の数週間もしてからはじめて現われて、それがつづくような場合には、PTSDが疑われる。そのような場合には、専門家によるケアが必要となる。

(3) PTSD(心的外傷後ストレス障害)

バッファロー・クリークの大洪水が起こったのは、一九七二年の二月のことである。アメリカ・ウエストヴァージニア州の炭鉱の町バッファロー・クリークで、石炭スラグ(鉱滓)のボタ山を押し流した豪雨は、一六の村落を泥海と化し、一二五人の死者をもたらし、一〇〇〇戸の家屋を破壊した。この災害では、精神科医のチームが一年半にわたって被災者の精神状態について追跡調査を行っている。調査にあたった精神科医たちは、被災者の九三パーセントという非常に多くの人びとに、なんらかの精神的障害が現われていたという報告を行っている。洪水が精神を痛めつけたのである。

この災害のように、被害がすさまじく、しかも広範囲におよぶ時には、被災者の間の人間的な絆が断ち切られ、被災者の一人ひとりが孤独で孤立した存在になる。このことを、災害社会学者のカイ・エリクソンは、二年余りの間この災害をひたすら追跡調査したのちに、その最終報告書のなかで、具体例とともに述べている。

災害だけではない。一九八五年の八月に、五二〇人の死者をもたらした日航機の墜落事故や、九五年三月の、オウム真理教による地下鉄サリン・テロのように、大勢の悲惨な犠牲者をだした事故やテロなどに巻きこまれた人びと、そしてまた、二〇〇一年九月に起こったアメリカの同時多発テロの遺族たち、二〇〇三年三月に始まったイラク戦争などの大量殺戮《たいりようさつりく》に巻きこまれて、自分自身や自分の親しい人の生存が脅かされるなど、過酷で痛ましい経験をした人びとは、世界中にたくさんいる。そのような経験はトラウマとなって、その人の精神生活に重大な悪影響をおよぼす。これをＰＴＳＤと呼ぶ。ＰＴＳＤの原因は、殺戮や不慮の死のように過激なものだけではない。子供の頃の家庭内での虐待の経験や、一家心中に巻きこまれた子供たち、親や兄弟、姉妹が暴行を受けるのを目のあたりにした子供たちも、またトラウマを負うのである。そのような場合、心は、出口のない恐怖や不安、無力感によって傷つき、その後の人生でも、完全に癒されることがない。このため、高い確率でPTSDが現われる。かりに、トラウマが、本人自身にもそれとわからない場合でも、精神生活は損なわれ、やがて破綻をきたしてしまう恐れがある。

アメリカの精神科医のジュディス・ハーマンは、PTSDの主な症状を三つに分類している。まず、第一に、「過覚醒《かかくせい》」の症状がPTSDの人で目立つのである。過覚醒というのは、文字どおり、意識が過度にピリピリと敏感になっている状態である。もし、何かで心に外傷を受けると、傷を負った人は、いつ再びやって来るかもしれない同じ危険に対して、つねに身がまえてその危険に備えるようになる。生理的にも心理的にも、過度の覚醒状態にわが身を置いて、警戒態勢をとりつづけるのである。これは自己防衛システムの機能がゆきすぎて働く結果だと考えられる。もしこの過覚醒の症状があると、ささいなことで驚愕反応を起こし、何かにつけてイライラして夜も眠ることができない。非常にストレスフルな状態になる。

第二に、「侵入」の症状がPTSDの特徴である。心に外傷を受けた人は、その外傷を受けた瞬間の情景を、目覚めている時には、あたかも実際にいま起こっているかのように、ありありとフラッシュバックのかたちで再現して想起するし、眠っている時には外傷性悪夢として、くりかえしくりかえし仮想体験する。このように、自分では拒否し排除しようとしてもそれがかなわず、その外傷性記憶がくりかえし意識のなかに執拗《しつよう》に「侵入」してくるので、日常生活は混乱して、家族や親しい友人との間でも、満足な心の交流やコミュニケーションがとれなくなってしまう。

第三は、「狭窄《きょうさく》」という現象である。不快感をもよおす、脅威にみちた恐ろしいものは、けっして見たくない。私たちは、見たくないものを見ないようにするために、無意識に自分自身の興味や関心を、より狭い範囲に制限しようとする。そして極端な場合には、自分自身や家族の生活への関心、それまでの生活においてエネルギーの大半を注ぎこんでいた仕事や趣味への情熱などを、まったくうしなってしまうことがある。災害や事故で自分自身が経験した危機的な状況を、再び思い出させるような場面に直面したくないという心理が、この狭窄の症状をもたらす。

ベトナム戦争が終結したあと、アメリカ本土へ帰還した兵士の間に、PTSD症状に苦しむ人びとが数多くいて、社会的にも問題となり、専門家の関心を集めることとなった。PTSDについての研究や治療の必要性が認識されるようになったのは、ここ三〇年くらいのことである。アメリカの精神医学会がまとめた『DSM—Ⅳ　精神疾患の診断・統計マニュアル』は、精神科の医師や臨床心理の専門家が、患者や来談者（クライアント）の診断や心理状態を把握するために利用することの多い、いわば彼らのバイブルである。ＰＴＳＤについての説明を読むと、心に外傷をもった人びとは、その原因となった経験を思い出させるような想念、感情、会話、行動、状況、人や物などを意図的にさけるようになるとある。つまり、「ある経験」を考えたり、感じたり、それが心に働きかけたりしないようにするために、自分の心を麻痺状態に置くのである。テレビを見ても楽しくないし、仕事も仲間とのつきあいにも興味がなくなってしまう。家族にも親近感や優しさが感じられなくなる。そして、人間に対しても周囲の環境に対しても、無関心で冷淡になってしまう。これは、無意識に、自分の心をそのようにしむけているためである。そもそもは自分自身を守るための仕組みが、逆に自分自身を傷つけてしまうのである。

侵入してくる記憶を阻止して、精神の混乱を防ぐための自我防衛的な心の働きの結果として、くりかえし侵入してくる「あの時の記憶」を排除しようとする。そして、「あのこと」に少しでも関係のありそうなすべての状況に心を閉ざすのである。しかし、このように見まい、聞くまい、思い出すまいとしても、すでに再三にわたって述べているように、この過剰防衛はむしろ心の傷を癒すのとは逆に、傷をかきむしり、自然治癒力を妨害するように働く。

ＰＴＳＤは、最近では記憶障害の面からも研究されている。この障害をもつ人は、単に心の機能が損なわれているだけではなく、脳に器質的な変形が生じていることもわかってきた。つまり、ソフトウエアがうまく働かなくなるだけではなく、ハードウエアもまた損傷を受けるのである。大脳辺縁系《だいのうへんえんけい》のなかで、短期記憶を保持し再生して、短期記憶を長期記憶へ変換するのを助けたり、時間や空間の認知を調整している海馬《かいば》という部分があるが、重度のPTSDの人は、この海馬に萎縮が見られることがある。そしてPTSDからの回復が進むにつれて、海馬の萎縮もまた回復していくのである。海馬の名は、ギリシャ神話で神々のなかの最高の神ゼウスの兄弟で、海の神・ポセイドンが乗る海馬ヒポカンポスに由来している。この器官のかたちが、ヒポカンポスの尾のかたちに似ているというので、海馬と呼ばれるようになった。PTSDと、脳内の海馬における器質的変形との関連は、精神的な外傷が脳に変化をもたらすという、心と生理との緊密なつながりを実証している。心身一元論の立場から見ても興味深い。

戦闘を経験した兵士、地震や火山の噴火の被災者、レイプや虐待などの犠牲者を含めた多くのケースについて、先に紹介した『DSM－Ⅳ　精神疾患の診断・統計マニュアル』が整理しているところによれば、最小のケースで三パーセント、最大のケースで五八パーセントの人びとがPTSDの症状を示しているという。たとえば、阪神大震災では、多くの自殺者や孤独死があった。PTSDが、いまでも被災者の心を苦しめ蝕んでいるのは、事実である。

私は、阪神大震災の一年八か月後の一九九六年九月に、当時、神戸市で最大規模の仮設住宅であった西神第七仮設住宅と、それに隣接する西神第一仮設住宅で、五七二人の被災者に対して、PTSDについてのアンケート調査（調査対象者は一〇〇〇人で、回収率五七・二パーセント）を行った。そのほぼ二年後の一九九八年七月、仮設住宅には空き家が目立ち、すでに全体の三分の二を超える人びとが安住の地を求めてこれらの仮設住宅を去っていた。残っていた被災者一九四人に対して、前回と同じ内容のアンケート調査を実施した（調査対象者は三五〇人で、回収率は五五・四パーセント）。そのあとになると、時を追ってしだいに仮設住宅が撤去され、被災者のための定住用の高層団地が神戸市の海岸沿いを中心に整備されていった。二回目の調査からほぼ一年後の一九九九年八月、神戸製鋼所の岩屋工場の跡地に建てられた高層団地、〝HAT神戸灘の浜〟に入居していた被災者四〇三人に、それまですでに二回行ってきたのと同じアンケート調査（調査対象者は八一二人で回収率は四九・六パーセント）を実施した。この団地には被災者でない入居者もいたが、阪神大震災の被災者にとっては、低額の家賃で入居できる〝恒久住宅〟であった。ほとんどが高齢で、独り暮らしの老人も多く、一日中、ほかの人びととは没交渉で自室にこもっている人がめずらしくなかった。震災と老齢化の影響が、それらの人びとの上に重くのしかかっているように見えた。

図4は、PTSDを判定する各項目に該当する被災者がどの程度いたか、その割合を示している。すでに述べているように、三回の調査の回答者は同じではない。しかもあとになればな

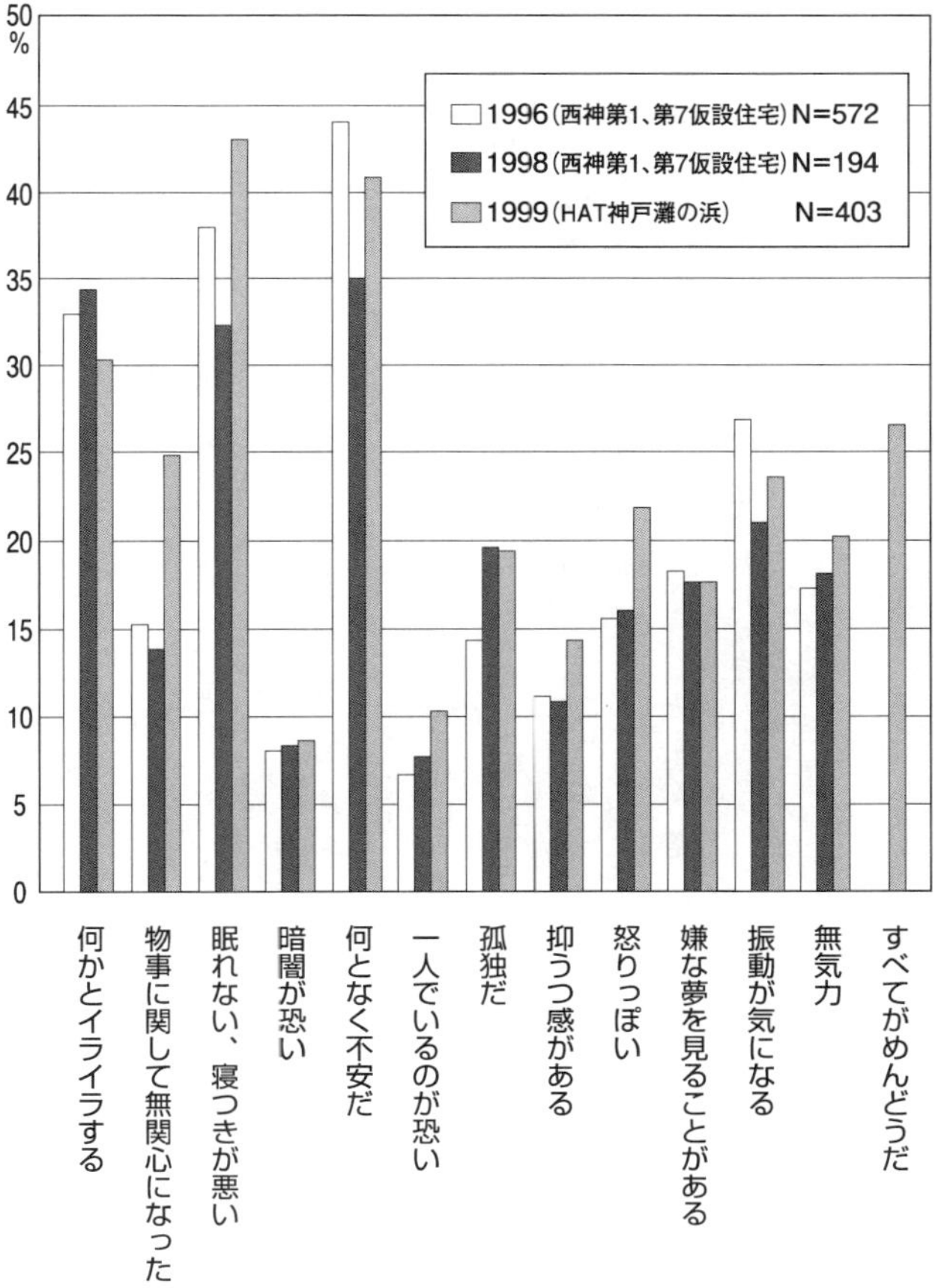

図４　阪神大震災被災者のＰＴＳＤ調査結果
（1996、1998、1999）

るほど、より深刻な被害を受け、社会的にもより弱い立場にある人びとが残されたため、震災からの時間が経過していっても、ＰＴＳＤから回復する力が弱いということはあったかもしれない。しかし、この図を見て驚かされるのは、「何となく不安だ」というかたちで漠然とした不安を感じる人びとと、「眠れない、寝つきが悪い」のように不眠を訴える人びとの多さである。そして、地震が起こってから、かなりの時間の経過があっても、相変わらず「振動が気になる」人びとが二割を超えている。「何かとイライラする」人びとも三割を超えている。しかも、自分が「無気力」だと感じる人びと、自分を「怒りっぽい」と感じる人びと、「一人でいるのが恐い」人びとは、調査の回次が進むにつれてむしろ増えているのである。これらはいずれもＰＴＳＤの症状である。

被災者の〝恒久住宅〟である〝ＨＡＴ神戸灘の浜〟の高層団地のひとけのない広場のベンチに座る孤老たちの姿を見ると、彼らが災害によっていかに多くの貴重なものをうしなったかを思わずにはいられない。しかし、これが災害のひとつの姿なのである。そして、このような被災者の一人ひとりにとって、災害に終わりはない。

防災のジレンマ

防災の第一のジレンマは、災害がいつ、どこに、どのようにしてやって来るのかわからないということと、つまり災害を完全に予知・予測することはできないということから来ている。ピンポイント攻撃ができないのである。したがって、「闇夜に鉄砲」ではないが、どこに向けて、いつ撃つべきかがわからないため、災害に備えるには、フェイルセーフを考えて過剰に投資しなければならないのである。第二のジレンマは第一のそれとも関連するのだが、防災投資の効果が目に見えるかたちでとらえられないことである。災害への事前対応をした場合に、それをしなかったらどうなったかは、わからない。単に、推量の域をでないのである。実験をする場合のように、ほかの条件は一定にしておいて、ある防災行動を行った群と、行わなかった群の結果を比較するというわけにはいかないのである。

このような防災がかかえるジレンマにもかかわらず、私たちは防災に努力しなければならない。防災の目的は災害をなくすことではない。そのようなことは、人智をもってしては不可能で、私たちの能力のおよぶところではない。災害の被害を軽減し、人命の損失を少なくして、災害とうまく折りあっていくというのが、防災の第一義的な目的である。もし、私たちが、防災コストをだし惜しみするようなことがあれば、災害とうまくつきあっていくことはできずに、災害に圧倒されることになる。私たちが生き残っていくために、災害を知り、裏をかかれるような失敗をしないことが重要である。まず、相手を知ることから始めよう。

1．たゆまず進化する災害

高コスト化と複合化が、現代の災害の二大特徴である。第一の高コスト化であるが、災害で破壊された住民生活の再建、さまざまな施設の更新、環境の復元などのための費用が、世界的に年々高額になってきている。主要先進諸国がＯＤＡ（政府開発援助）の枠内で、開発途上国の災害救援に拠出した基金は、突出して増えつづけている。ここには重要な意味をもち、現代を象徴するひとつの事実がある。それは開発途上国においても被災者のニーズが多様になってきていて、救援と人道支援にコストがかさむようになってきたということである。ましてや先進諸国の被災者は、かつての被災者のように禁欲的ではないし、生活上で必要な支援を十分に要求する権利があると感じている。したがって、医療サーヴィスにしても、食料の配給にしても、また被災者用の仮設住宅やテントの設営についても、被災者の拡大するニーズを充足させるために、国は、厖大な資源を投下しなければならない。

スイスのジュネーヴに本部を置く国際赤十字・赤新月社連盟が公表した「世界災害報告二〇〇二」によると、一九七〇年代と九〇年代の世界の災害を比べると、自然災害による死者は、六〇パーセント減少して二〇年前の四〇パーセントにまで低減したが、その逆に、被災者全体の数は、二〇年間で三倍になり、経済的損失は五倍になったという。この報告書の指摘は、災害が世界的に高コスト化しつつあること、そして、現代の災害が複合化しつつあることを示している。

災害の複合化とは、災害が、自然によってもたらされる災害因を唯一の原因として起こるのではなく、人為的な要因との複雑なからみあいの結果として、誕生してくるということだ。現代の災害は、自然と人為が重層的に相互に連関しあって起こるのである。また、その影響するところも、きわめて広範囲のさまざまな領域におよぶため、被災者の総数はそれに応じて増えていく。影響力の広がりは、あたかも池の面に小石を投げこんだ時のように、波紋がしだいに弱まりながら、同心円状に拡散していくのに似ている。

災害の複合化は、先進諸国でも開発途上国でも、程度の差こそあれ共通に見られる。それは実際にはどのようなかたちで現われているだろうか。いくつかを例示してみることにしよう。たとえば、一九九九年にトルコを襲った二つの地震を取りあげてみよう。この年、トルコは、八月にマルマラ地震(マグニチュード七・四、死者一万七二六二人。この犠牲者の数はトルコ政府の公式発表だが、最終的な犠牲者の数は三万人を超えると見られている。「ジェトロセンサー」二〇〇〇年二月号」)に、また、一一月にはデュズジェ地震(マグニチュード七・二、死者八一八人)に、あいついで見舞われた。被災地域はともに都市部であるが、マルマラ地震では、地震の規模に比べて極端に大きな人的な被害をだしている。

九五年の阪神大震災は マグニチュード七・二で、犠牲者は関連死を含めて六四〇〇人余り。九九年の台湾大地震はマグニチュードは七・六、台北市のビルも倒壊したが、犠牲者は約二五〇〇人であった。これらはいずれも直下型地震である点は同じなのに、マルマラ地震の犠牲者数は、特異に多いことが目立つ。マルマラ地震で、なぜこのように大きな被害が生じたのか。都市化の波にインフラストラクチャーの整備が追いつかないため、耐震性を無視して急造した住宅群や都市の乱開発が主要な原因だったことは間違いない。地震に対する危険を無視して脆弱な都市づくりをしたために、死なずにすんだはずの人びとが犠牲になったのだ。トルコ政府によれば、マルマラ地震の被災地には、全人口の二二パーセントが住み、GDP（国内総生産）の三五パーセントを産みだしていたという。トルコはこれらの地震で、GDPの一〇パーセントをうしなっている。

台風シーズンに中国北部やタイの山岳部で起こる洪水には、森林の乱伐がかげの主役を演じている。また、中部ヨーロッパの夏と冬の大洪水は、ともに地球温暖化が主要な原因ではないかと疑われている。地球温暖化が、夏に大西洋および地中海で、猛烈なサイクロンを発生させる。そして、サイクロンがもたらす豪雨によって大洪水が引き起こされるのである。その一方で、厳寒であるはずの冬には、暖冬による山岳地帯での融雪と、本来は雪として降るはずの季節はずれの冬の豪雨が、大洪水の原因となる。それにプラスして、河岸を堤防で固め、氾濫原が洪水時の貯水機能をうしなってしまったことなど、さまざまな人為的な原因が重なって、大災害が起こっている。

ドイツの気象学者のアルフレッド・ベッカーらが報告するところによると、二〇〇二年の八月の大洪水は、ドイツのドレスデンで、一三世紀以来、最大の水位にまで達したという。「タイム誌」（一九九四年一月一〇日）や「ニューヨーク・タイムズ紙」（一九九五年一月三一日、一九九五年二月一日）、「ワシントン・ポスト紙」（一九九五年二月三日）などが伝えるところによると、一九九三年から翌年一月にかけて、ベルギーは、一八世紀以来、最大の洪水に見舞われている。そしてわずか一三か月後の一九九五年一月から二月はじめにかけては、さらに規模の大きな洪水が、ケルン、ボン、フランクフルト、コブレンツなどの諸都市を、再び襲ったのである。

一九九九年にヴェネズエラを襲った地すべりと泥流災害では、三万人以上が死亡し、ヴェネズエラはこの災害で、GDPの一〇パーセントをうしなった。地すべりの危険地帯に、この半世紀の間に一〇倍以上の人びとが住むようになり、無秩序な都市化が進んだことが、大災害の主要な原因であった。

自然のバランスさえも変えてしまうほど巨大になった人間の営為、自然災害のリスクを無視した乱開発、そして、自然災害の危険地域への節度のない人間の居住などが、複雑かつ微妙にからみあって今日の大災害をつくり出しているのである。

2. 費用便益の考えで防災はできない

費用の投下効率だけで防災行動の是非を決めることはできない。防災は、単純に投下される費用に見あった即効をもたらさないからである。その意味では、見た目には割に合わない投資とも言えるのである。したがって、日々の経済事情が逼迫《ひっぱく》した国や社会では、防災に有効な資源を十分に投入する余裕がない。自前で十分な資金を投下できるのは、余剰資源にめぐまれたいわゆる先進諸国に限られている。

〃防災〃は災害を防ぐという意味だが、現実には、字義通りに災害を防ぐことは難しい。防災によって災害の犠牲者をゼロにすることはできない。先進諸国がいかに防災に努力しても、その結果、かりに被害を軽減することはできたとしても、それをまったくなくすことはできない。阪神大震災を予知することはできなかったし、近い将来、この種の直下型地震の予知が可能になるという期待はもてない。現実に可能なことは、住宅、交通機関、ビルや道路、橋などの建造物、ライフラインなどの耐震性を高めることだろう。このようにして地震に対する都市や住民の脆弱性を低減することは、副次的な効果として、より健全な生活環境をつくり出すことに貢献する。

阪神地域のように、かつて地震の危険があまり問題にされていなかったところで、現実に大震災が発生する。地震列島であるこの日本には、どこにも地震の危険が現実にある。だが、それだけの理由で、日本国内のすべての都市の耐震性を高めるための防災対策に、国の財源を投下する余裕があるだろうか。現状では、この国にそのような莫大な資源投資を行う余裕があるとはとても考えられない。また、かりにそのような防災対策を行ったところで、どの程度の減災効果があるかも、実は、不明なのである。そこに防災のジレンマはある。

阪神大震災がもたらした被害の総額は九兆六〇〇〇億円に達している。これは日本のGDPの二パーセントに相当した。仮定の問題だが、もし阪神地域に事前の地震対策が実施されたとしても、その対策が徹底したものでなかったとしたら、この巨大な被害額を、目に見えるかたちで減らすことはできなかったかもしれない。これらが費用便益の考えかたである。

阪神大震災のちょうど一年前に、ロサンゼルスで直下型地震が発生した。このマグニチュード六・六のノースリッジ地震では、五七人が死亡。約一万二〇〇〇人が重軽傷を負い、高速道路は寸断された。そして一〇〇か所以上で火災が発生した。アメリカはこの震災により、被害総額で、アメリカの災害史上で最大の二〇〇億ドル（一ドル一二〇円の計算で、二兆四〇〇〇億円）の損失をこうむった。阪神大震災の被害額の四分の一である。この時、日本の防災担当者は、日本では、このように高速道路の橋桁が落ちたり、ビルが倒壊するようなことはありえないと、胸を張ったものである。だが、はしなくもそれが根拠のない自信であったことが、一年後に実証されてしまった。防災とは、敵の見えない戦闘のように、つねに不確実性をはらんだ行為なのである。防災は、投資効果が目に見えない投資である。

気象衛星からの情報で、災害発生がかなり正確に予知できるようになった気象災害では、警報の発令と事前の避難が迅速に行えるようになったことで、人命の損失は大幅に少なくなった。しかしながら、ここでも災害のコスト高の現象が見られる。一九八九年九月に、アメリカのフロリダや南部の諸州を襲った超大型ハリケーン「ヒューゴ」は、過去五〇年間で最大のハリケーンと言われたのだが、その記録は三年後には書き換えられてしまった。超大型のハリケーン「アンドルー」がもたらした被害総額は先に述べたノースリッジ地震に次いで、アメリカ災害史上二番目にランクされる記録的なものであった。世界中で、災害被害の高額化現象が進行している。再びくりかえすことになるが、防災対策で被害額をどの程度まで減額できるかは、実際にはわからないのである。それにもかかわらず、防災対策は、かけがえのない命の損失を減らすために、絶対にさけて通るわけにはいかない。さけて通れないという消極的な姿勢ではなく、むしろ積極的にその推進を行わなければならない。リスク管理の新しい発想が必要である。

防災対策において、費用便益の考えかたは説得的だが、ここで私たちは観点を変えなければならない。防災の目的は、被害総額の減少ではなく人命損傷の軽減なのである。あるいは、もし費用便益の原則にこだわるのであれば、人命の価値をもっともっと大きく評価する必要がある。たとえば、アメリカの科学専門誌「サイエンス」の二〇〇三年三月二一日号によれば、アメリカのブッシュ政権の大気汚染物質の排出削減計画では、この計画を担当している環境保護庁は、この排出規制を実施すれば、二〇二〇年までの間、毎年一万二〇〇〇人の死者と数千人の気管支炎の患者の発生を防止できるとしている。環境保護庁は、その規制のためのコストは、六五億ドル（七八〇〇億円、一ドル一二〇円の計算）であるのに対して、人びとが受けるトータルの健康面での利益は、最大で九三〇億ドル（一一兆一六〇〇億円）、最小で一一〇億ドル（一兆三二〇〇億円）であるとして、この排出削減計画は、十分採算にあうと考えているのである。この計算の前提として、環境保護庁は、一人の生命を救い、一人の気管支炎の患者をださないことに、莫大な金銭的価値を認めている。

また、「サイエンス」の前掲記事によれば、アメリカの運輸省が行うチャイルドシートに関する規制では、一人の子供の生命を救うために一五〇万ドルから四九〇万ドル（一億八〇〇〇万円から五億八八〇〇万円）。環境保護庁の窒素酸化物の大気中への排出規制では、一人の生命を救うために三七〇万ドルから八三〇万ドル（四億四四〇〇万円から九億九六〇〇万円）、労働安全衛生局が行うハイテク部品の洗浄剤・ジクロロメタンの排出規制では、一人の生命を救うために、一二七〇万ドル（一五億二四〇〇万円）という、それぞれ異例とも言うべき高額のコストを見込んでいるのである。ここで計算されている一人の生命の価値は、生命保険や事故の際に支払われる保険金額に比べてはるかに高く評価されている。

3. 自然災害とうまくつきあう

日本はもちろん、世界中で、最も大きな被害をもたらす自然災害は、地震災害である。したがって、防災という観点からまず最初に取りあげなければならないのは、地震にどう対処するかということだ。図5に示すように、わが国が緊急に直面している巨大地震は、東海地震だけではない。地震防災対策特別措置法にもとづいて設けられた地震調査研究推進本部の地震調査委員会は、二〇〇一年九月に、今後三〇年間に東南海地震（マグニチュード八・一）が起こる確率は五〇パーセント、南海地震（マグニチュード八・四）が起こる確率は四〇パーセント程度であるとし、両方の地震が同時に発生する可能性も大いにあり、その場合には、マグニチュード八・五前後の超巨大地震になると想定している。二〇〇三年四月、中央防災会議の東南海・南海地震等に関する専門調査会は、この両地震の同時発生の場合には、最悪のケースでは、死者は二万一八〇〇人、経済的損失は五六兆円にものぼる可能性があると指摘している。さらに、二〇〇三年九月の同専門調査会の報告は、「東海」、「東南海」、「南海」の三つの巨大地震が同時発生する可能性をも指摘している。その場合の想定マグニチュードは八・七、最悪の条件で起こった時の死者は二万八〇〇〇人、経済的損失は八一兆円にのぼるとしている。そうなった

図５　東海地震と東南海地震・南海地震の震源域

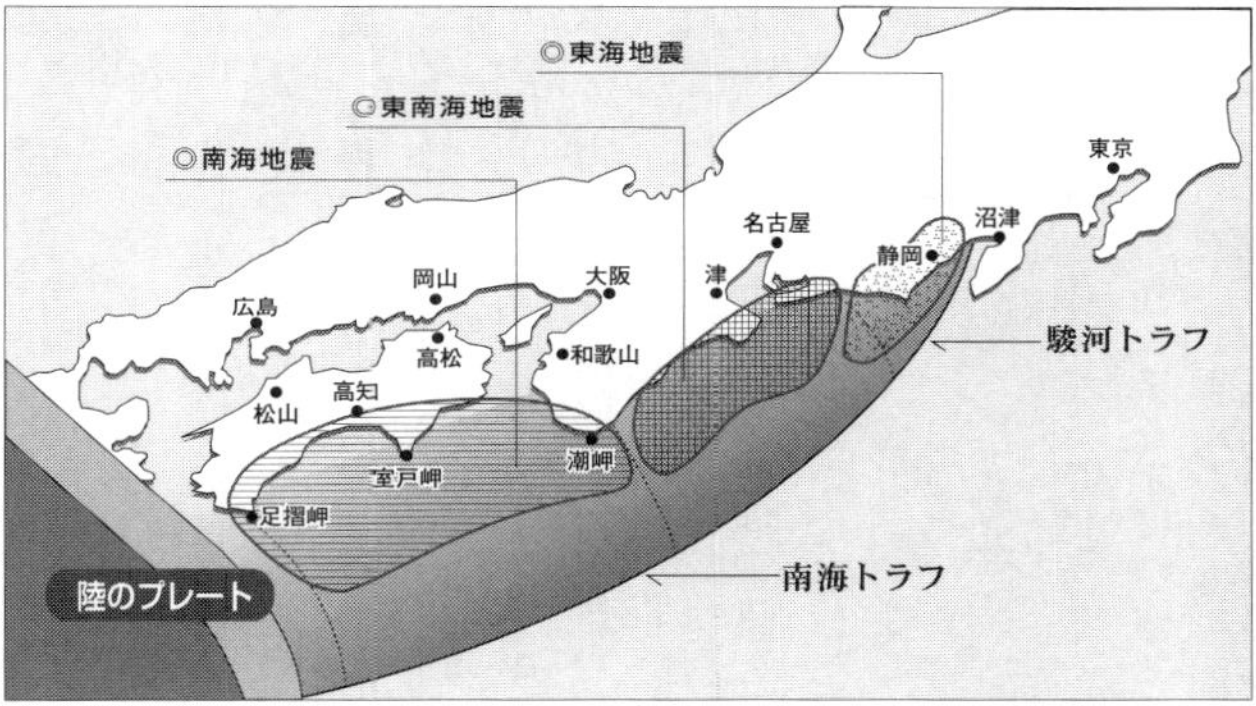

中央防災会議「東海地震に関する専門調査会」（2001年12月11日）、
「東南海・南海地震等に関する専門調査会」（2003年４月17日）より作成

時には、日本社会は癒すことのできない傷を負うことになるだろう。

このような大災害には、ほとんど打つ手がないように見える。しかし、中央防災会議の「東南海、南海地震等に関する専門調査会」は、建物倒壊による圧死者は、もし、一九八〇年以前に建てられた住宅を、八一年に施行されたいわゆる新耐震基準をみたすように改築、補強することができれば、想定される死者の数を五分の一程度にまで減少させることができるとしている。また、中央防災会議の東海地震に関する専門調査会は、東海地震でも、「新耐震基準」がみたされれば、住宅の倒壊による死者を四分の一程度にまで減らすことができると見ている。

阪神大震災で倒壊した住宅の多くが、「新耐震基準」の適用以前の住宅であったことを考えると、地震防災対策の第一の要《かなめ》は、住宅の耐震性の確保であることがわかる。現在、わが国の経済は、難局に直面し、財源も、けっして豊かではない。しかしながら、住宅の耐震診断と耐震補強はぜひとも実施すべきである。低迷している住宅産業の活性化につながるという利益もある。

「東海」、「東南海」、「南海」地震のような海溝型の巨大地震の場合には、巨大津波による被害が甚大だ。しかしながら、この中央防災会議の報告書は、住民が直ちに避難行動を起こせば、津波による死者は、少なくとも二分の一程度にまで減らすことはできるとしている。国や都道府県が、災害情報の連絡網を整備し、避難路を確保すれば、最も低コストで、しかも最も有効な防災対策を行うことができるというのだ。

表1は、津波による死者の推定値を示している。この表では、まず、地震発生のパターンを、三つの地震がそれぞれ単独で発生した場合、隣接する地震どうしが連動して発生した場合、三つの地震が同時に発生した場合の六つのケースに分け、ついで、それぞれの発生時刻を、早朝の午前五時（阪神大震災は午前五時四六分に発生している）、関東大震災の発生時刻とほぼ同じ昼の一二時、夕食の準備で火を使うことの多い午後六時の三通りとすると、全体で一八のシナリオができる。その各シナリオについて、避難率の高い場合と、低い場合の死者の数を推計したのである。この表から読み取らなければならないのは、現実にどのようなかたちで地震が起こ

表1　東海地震・東南海地震・南海地震の津波による死者（推定値）

地震	避難率	地震発生時刻			発生時刻5時の場合で、水門が閉鎖不能などで生じる死者の増加分
		5時	12時	18時	
東海地震	高（避難率・71%）（北海道南西沖地震における奥尻島住民の避難率）	400人	200人	200人	300人
	低（避難率・20%）（日本海中部地震の住民の避難率）	1,400人	600人	700人	900人
東南海地震	高（避難率・71%）	500人	300人	300人	600人
	低（避難率・20%）	1,500人	600人	800人	1,400人
南海地震	高	2,600人	1,800人	1,900人	600人
	低	7,100人	3,400人	4,100人	1,600人
東海地震 東南海地震 同時発生	高	700人	400人	400人	800人
	低	1,900人	900人	1,000人	1,800人
東南海地震 南海地震 同時発生	高	3,300人	2,200人	2,300人	1,400人
	低	8,600人	4,100人	5,000人	3,200人
東海地震 東南海地震 南海地震 同時発生	高	3,500人	2,300人	2,400人	1,500人
	低	9,100人	4,300人	5,300人	3,600人

中央防災会議「東南海・南海地震等に関する専門調査会」〈第14回〉（2003年9月17日）より作成

るかは、誰も予測できないが、津波に関しては、避難率を高めることはできるということだ。問題は、津波の危険地域に住む人びとが、その危険にどのくらい敏感であるかにかかっている。「東海」、「東南海」、「南海」の三つの地震の想定危険地域は、日本経済の大動脈であるだけではなく、最も人口密度の高い地帯でもある。一方、近い将来における巨大地震の発生は、どうしてもさけられそうもない。私たちは、目の前の震災の発生を知りながら、さけようがないという大きなジレンマに直面している。最後にたどりついた震災リスク低減の奥の手が、住宅の耐震性の補強と、津波の被害をさけるすばやい避難行動であるというのは、なんとも素朴すぎるようだが、これらは、科学的な見地からしても、現在利用可能な最も確かな減災方法なのである。費用便益などという原則にこだわらずに、できることをひとつずつ積み重ねて、地震防災をはじめとするさまざまな防災、減災に努めるべきだろう。

大災害は直接的な被害をもたらすだけではない。長期にわたる社会的・経済的・心理的な悪影響を残すのである。災害の直接的・間接的な被害を最小限にとどめることがぜひとも必要だ。そのためには、まず、私たちが災害への恐れをもつべきだろう。軽んじてはならないのである。また、災害に打ち克つなどという不遜《ふそん》なことは、けっして考えるべきではない。災害とは自然そのものであり、私たちは、自然の一部であるにすぎない。災害とうまくつきあうこと、これが、私たちにとっての最も主要なテーマなのである。

第２章　災害被害を左右するもの

避難行動の重要性

1．生死を分ける

避難行動とは、危険から物理的に遠ざかることである。これは、災害を回避するための、最も古くからある素朴でかつ有効な防災行動である。逃げるべき時に逃げ、さけるべき時にさけることが、身の安全を確かにする最上の策である。この考えかたは、自然災害だけではなく、すべての災いに通用する原則である。七三頁に示した表1は、いずれも近い将来に予想される巨大地震である東海地震、東南海地震、南海地震にともなう、津波による死者の推定値である。早朝五時に地震が発生した場合には、寝込みを襲われるために、三つの地震とも、津波による死者は最も多くなるが、正午と午後の六時では、死者の数に大きなちがいはない。問題は地震が起こってから津波が来るまでの間に、どれだけ多くの人びとが高台や堅固な防災拠点にまで避難するかである。第1章で述べているように、津波災害の場合には、いかにして迅速に津波の到達範囲外に避難するかが生死を分ける。津波の来襲前に避難する人びとが多ければ、犠牲者は少なく、逆に、避難する人びとが少なければ、犠牲者は多いのである。

避難率の異なる二つのケースについて、説明しておくことにしよう。第1章でも述べたが、一九九三年七月一二日の午後一〇時一七分に、北海道南西沖地震（マグニチュード七・八）が発生した。この地震がもたらした最も大きな被害は、津波によるもので、最大の被災地は北海道の奥尻島であった。不幸中の幸いで、この時、津波を前にした避難率は、七一パーセントという高率であった。そのため、人命の被害を、最小限にとどめることができた。

この北海道南西沖地震は、奥尻島の北西沖で発生した。そして、地震発生の数分後には、奥尻島は大津波に襲われた。津波警報を発令する時間的な余裕もなかったのである。津波の高さは、標高二九メートルから三〇メートルの山腹にまで達している。死者・行方不明者は一九八人。全島民の二〇人に一人が犠牲となる大惨事であった。だが、島民の多くは、その一〇年前の一九八三年に起きた日本海中部地震の時の津波経験を鮮明に記憶していて、大地震の発生後、迅速に高台へと避難を行ったのである。この避難行動によって被害を最小に抑えることができた。もし迅速な避難がなかったら、さらに多くの犠牲者をだしていたことだろう。避難者の割合が七一パーセントというのは、きわめて高いと言うことができる。

ところが、津波を経験したことのない地域を津波が襲った場合には、大きな悲劇が待っている。地震のあとには津波の危険があることをイメージできない人びとは、避難をしようとしない。そのような痛ましいできごとが、先に述べた一九八三年五月二六日の正午に発生した日本海中部地震によって、引き起こされた。日本海中部地震は、秋田沖一六〇キロの海底で起こったマグニチュード七・七の地震で、それまで津波経験の少なかった日本海沿岸を襲い、秋田、青森で大きな人的な被害をだしたのである。災害を正しくイメージできないということは、まことに恐ろしいことである。この地震の時には、防災を担う側にも、津波の危険に対する認識がなかった。たとえば、秋田県の消防防災課は、秋田地方気象台から、事前に大津波警報発令の緊急連絡を受けながら、市町村への通報を怠り、県下の消防本部や消防署へも伝えなかった。そのために、津波警報を広報した時には、時すでにおそしであった。避難する時間的な余裕がなかったのだ。

被災者の側にも油断があり、その一瞬の隙を突かれた。津波の常襲地域である岩手県などの太平洋沿岸地域に住む人びとならば、とっさに津波の危険を思い浮かべるところだ。だが、津波の経験も知識も乏しい日本海沿岸の人びとには、そこまで思いいたらなかったというのが正直なところだろう。全体の避難率が二〇パーセントというのは、いかにも低い。そのために大勢の人びとが津波の犠牲となった。遠足の小学生や釣客、港で護岸工事をしていた作業員など一〇〇人が、突然、襲ってきた津波の犠牲になったのである。

七三頁の表1を再び見ることにしよう。東海地震、東南海地震、南海地震における津波の死者の数が、避難率のちがいによって大きく異なることがわかる。北海道南西沖地震の奥尻島なみの避難率であった場合と、日本海中部地震の際の避難率であった場合とでは、死者の数は、一・九倍から三・五倍くらいのちがいがある。津波警報の迅速な伝達と、避難行動をスムーズに行うための避難路の確保、病人や身体の不自由な人びと、子供、老人など、ハンディキャップを負った人びとの避難支援を積極的に進めなければならないだろう。

2．人類が地球上にくまなく広がった理由

人類の祖先はアフリカに誕生した。彼らに何かの理由で「ビッグバン」が発生した。これまでの人類学者は、いまから約一〇〇万年前に、われらが祖先のホモ・エレクトゥス（原人）の一部がアフリカをあとにしたと推定してきた。このような考えに対して、いや、人類の祖先たちは、その一〇〇万年も前の、いまから二〇〇万年前に、プレ・エレクトゥスと呼ばれるさらに原始的な姿で、アフリカを出発したと主張する古生物学者や古人類学者たちもいる。彼らは、中国での化石の年代分析から、類人猿に近いわれらが祖先たちは、きわめて原始的な石器を手にして、生まれ故郷のアフリカを旅立ったにちがいないと、一九九五年一一月一六日発行の、イギリスの科学専門誌「ネーチャー」で、彼らの研究の結果を報告している。

アフリカから世界各地への移動の時期についてはほかにも諸説がある。たとえば、ある古生物学者は、新しい遺伝子研究にもとづいて、現代人に遺伝的な関係をもつ人類の祖先たちは、少なくとも二波にわたってアジアやヨーロッパに移動したと考えている。ワシントン大学のア

ラン・テンプルトンが、二〇〇二年三月七日発行の「ネーチャー」に発表したところによると、移動の時期は比較的最近で、第一波の移動は、いまからほぼ五〇万年前、第二波は一〇万年前だという。

だが、なぜ彼らは、生まれ故郷をあとにしたのか。これこそが問題なのである。アメリカの科学専門誌「サイエンス」のライターであるエリザベス・キュロッタは、一九九五年一一月一七日号のコラムのなかで、その理由を人間の放浪癖に求めている。彼女は次のように述べているのである。

「旅は、人類の進化に強い影響をおよぼした。それはわが一族のメンバーに、アフリカの故郷を捨てさせ、世界中に広がるよう刺激したのである。放浪へのあこがれは、わが一族が夜明けを迎えるようになるまでに進化しえた理由のひとつである」

旅へのあこがれが今日の人類を形成したというのは、ロマンティックだが、はたしてそうなのか、という疑問が残る。また、猿に近いわが祖先たちが、大航海時代のコロンブスやマゼランのように富や栄誉を求めて、未知への冒険へ踏み出したというのも考えにくい。私は、彼らの一部が移動しつづけた真の理由は、災害や病気や抗争、侵略、虐殺、略奪などからのがれる避難のためではなかったかと考えている。われらが祖先たちは、災いからのがれのがれているうちに、世界中に広がり、土着したのである。避難行動は、私たちにとって最も基本的な行動である。この行動によって、人類が地球上にくまなく分布するその広がりと、さまざまな苦難にもかかわらず、生きのびて進化してきたその長い長いサバイバルの過程を説明することができる。危険を敏感に察知して、避難するという行動がなければ、今日の私たちはいなかったのである。

避難行動の仕組み

1．研究の歴史

戦争は国の命運をかけた緊急の事態である。ギリシャ・ローマ時代から、科学上の進歩や技術的な開発の多くが、軍事に起源をもつことは明らかである。それらは、相手を倒し自分たちが生きのびるため、ぜひとも必要であった。軍事上の必要性は、今日の文明社会を生んだ母であった。

行動としては、人類の歴史とともに古い避難行動ではあるが、科学的な研究が行われるようになったきっかけは、第二次世界大戦下における、軍事的な必要性にあった。イギリスはドイツ軍からの空襲にさらされて、国民をロンドンのような大都市から、地方に避難させる必要に迫られていた。ロンドン市民の避難や、子供たちの集団疎開をスムーズに行うために、どのような方策をとるべきかについての研究が行われた。また、アメリカでは、日本やドイツへの空爆を、戦略上いかに有効に行うかという観点からの研究が実施された。そのなかには、避難行動の研究も含まれていたが、これは非戦闘員である一般市民を殺傷しないための研究ではなかった。このことは、一九四五年三月に一〇万人を殺した東京大空襲や、広島・長崎への原爆投下、ドイツのドレスデンやベルリンへの空襲における一般市民の殺戮《さつりく》などからしても明らかである。

一九五〇年に朝鮮戦争が勃発して、米ソを中心とする東西の冷戦が始まると、アメリカでは、ソ連の攻撃からいかに自国民を守るかという観点からの防護・避難研究が行われるようになった。特にソ連の核開発がさかんになるにつれて、核攻撃からいかに自国民を守るかというテーマで、組織的かつ大規模な避難計画、核シェルター内での長期にわたる避難生活の研究など、軍事的色彩の強い人間行動の研究が行われた。

しかし、一九六〇年代に入ると、災害心理学や災害社会学からのアプローチが、軍事目的ではなく、災害そのものに向けられるようになり、しだいに、軍事研究の色彩が薄れていった。やがて、軍事研究から解放された避難行動の研究は、災害研究の中心に位置づけられるようになっていったのである。

2．メカニズム

避難行動とは、個人や家族のような集団が脅威や破壊にさらされた時に、その事態を回避するための移動行動である。避難行動は単純に見えて、なかなか複雑な要素をかかえている。この行動の特徴は、個人の単独な行動というよりは、集団的な行動という点にある。避難行動はそのメカニズムを見ると、それをともに行う個人の間では相互作用的であり、複合的であるため、さまざまな要因がこれに関与して避難行動を促進したり、遅延したり、場合によると、中止したりする。また、多くの場合、移動は一時的なもので、危険が去ったあとには再びもとの場所へ戻ってくるが、時には移動した場所で定住したり、そこからさらに別な場所へと移動を重ねることもある。そのような各段階に、個人や集団の意思決定のプロセスが介在している。

さて、避難行動は、まず危険を知らせる情報が伝えられるところから始まる。この情報には、マスメディアからの災害情報の伝達の場合もあるし、市町村による防災行政無線のスピーカーや、消防や警察の車両からの避難勧告や指示の伝達の場合もある。また、自然災害の場合にはよくあることだが、激しい地震の揺れを感じるとか、火山の噴火や火山灰の降下を自分の目で見て、災害を確認するという場合も多い。いずれにしても、避難行動がスタートするためには、わが身に降りかかる危険が現実にあることを実感しなければならない。

だが、かりに危険を感じたからといって、直ちに避難行動を始めるわけではない。その次には、危険の大きさを評価する段階がくるのである。なかには危険を過大にとらえる人びともいるが、一般には、危険は、実際よりも過小に評価される傾向がある。そのために、多くの災害では、避難勧告や避難指示がだされても、それに従って避難する人びとは少ない。

ここでは、かりに危険の大きさからして避難を要すると、人びとが感じたとしよう。そうすると、最後に考慮すべきことがらは、はたして避難するに際して、何か重大な障害があるかどうかということである。この段階では、たとえば、避難の途中に大きな危険がないか。避難所は十分に準備されているか。避難所までの距離はどうか……。

さらに、さまざまなことが思案される。その結果、避難しないよりも、避難したほうがより安全だと思える時に、公的な避難の指示や、自分自身の判断に従っての、避難行動が開始される。避難行動を行う人びとの割合が一般に低いのは、避難には大小さまざまなコストがかかるという理由にもよるのである。

3. 不安と危機感を「てこ」にして

避難行動は、災害への不安や危機感がないと、起こらない。ムーアやベイツなどアメリカの災害社会学の創始者たちが、一九六〇年代はじめに行った調査研究でも、危機感が強い人びとほど避難する確率が高いという結論をだしている。また、私たちが、東海地震の危険地域である静岡県で行った調査では、地震不安の強い人びとほど、避難のための準備をする傾向があった。

災害を目の前にして不安や危機感が高められていく時、ストレスフルで不快な感覚が生じる。このじりじりとした緊張を解消する出口のひとつが避難行動である。不安や危機感が強くなればなるほど、その出口から脱出をはかろうとすることが多くなるはずである。

昔から教師は生徒に「勉強せよ、さもなくば落第だ」とおどしつけては、不安と危機感を煽《あお》って、勉強という出口を指示してきた。医者は患者に「薬をきちんと飲みなさい。そうしないと病気は悪くなる」と、患者に恐怖と不安を与えて薬の服用という出口を指示してきた。また、親は子供に「言うことをききなさい。さもないとオシリをたたきますよ」と、罰への恐怖と、愛情の剝奪《はくだつ》の不安を喚起して、親への服従という出口を強要してきたのである。

危機的事態を回避する可能性がある場合には、恐怖や不安が強い時ほど、リスクを軽減するための行動は頻繁に起こるのである。避難行動を起こさせるためには、恐怖や不安が必要である。だが、パニックにおちいらず、この行動が秩序ある正常な行動であるためには、恐怖や不安は過度にわたることがないようにすることが大切である。

避難行動を起こさせるために、恐怖や不安を有効に利用することができる。第1章でも述べた。この調査では、東海地震の危険地域である静岡県で、パネル調査を、四回にわたり実施した。一九八〇年八月から八三年一月までの二年五か月の間に、私たちは、同じ一人の人が、時間の経過にともなってどのように意識や行動を変えたかをチェックすることができる。時間的な流れのなかで、揺れ動く心理や行動の実態を、数量的に把握することができるのである。調査の結果を分析してわかったのは、次のようなことであった。ある調査時点で、地震に対する不安や危機感が高まると、次の調査時点で防災行動が促進されていた。その逆に、地震への不安や危機感が低下すると、次の調査時点での防災行動が低下していたのである。つまり、不安や危機感は、防災行動を全般にわたって高める、刺激剤の役割を果たしていたのである。

私たちの心的なメカニズムは、不安や危機感を持続させて、つねに心身を緊張状態に置くことの不利益を除くために、時間の経過とともに、自然に、不安や危機感が低下するようにできている。そこで、不安や危機感を、つねに一定のレベルに保ち、避難行動を含めた防災行動を起こしやすくするためには、新たな不安や恐怖、危機意識を呼び起こす仕組みをつくらなければならない。逆説的な言いかたかもしれないが、安全を確保し、安心を得るためには、不安や恐怖、危機意識などが、つねに私たちの内部で併存していなければならない、ということなのである。

避難行動に影響するヒューマン・ファクター

避難行動は、個人が単独で行うものではない。集団行動としての特徴を強くもち、いっしょに避難する人びとの間には、ある場合には緊密であったり、時に、比較的に緩やかなつながりであったりするが、なんらかの相互作用がある。どのような関係で結ばれた、どのような人びとが集団の核となるかによって、避難行動はさまざまなかたちをとる。多くの集団行動がそうであるように、避難行動にもヒューマン・ファクターが強く働いている。

1．家族

災害に直面した時には、家族は一体となって行動しようとする。一九二三年の関東大震災の被災者の場合にも、多くの家族はまとまって避難している。また、第二次世界大戦下で、アメリカ軍の空襲を受けた東京市民や、ナチスドイツのロケット攻撃にさらされたロンドン市民の避難行動も家族単位で行われた。このように家族単位の避難行動は、自然災害や戦争だけに見られるわけではない。一九七九年三月の、アメリカ・ペンシルベニア州、スリーマイル島での原子力発電所事故に関する避難行動の調査でも、避難者の多くが家族単位で行動していたことが明らかにされている。

六五年のアメリカ・デンバーの洪水を調査したドレイベックとスティーヴンソンの報告では、家族全員がいっしょに避難した事例は、全体の九二パーセントにも達していたという。また、避難時に、すべての家族が一体となって避難した家族のうち、七〇パーセントの家族では、避難しようとした時に、家族の全員がそろっていなかったため、すべてのメンバーが集まるのを待ってから避難している。場合によると、この家族全員が集合するための時間的なロスが、致命的な結果を招くことすらある。

一九七〇年五月に起こった、ペルーのユンガイ地震の際の避難行動にも、家族の要因は大きな影響を与えている。ユンガイ地震では、アンデスの頂上付近の氷河が滑落して、氷石なだれが山麓の町や村を襲い、五万人以上の死者をもたらした。幼児や老人をかかえる大家族では、逃げきれないと脱出を諦めた家族も多く、また、家族の誰かが落下してきた梁《はり》や天井、家具などの下敷きになった場合には、救助しようとして避難の機を逸した場合も多かった。災害に直面して、その危険を実感する時には、死ぬのも生きのびるのも、家族が一体でありたいという願いが強くなる。このような気持ちは、阪神大震災など多くの災害における被災者の共通感情である。災害下のきわめて過酷な状況のなかで、ほんとうに大切で頼れるのは家族だけだという思いが強烈になる。そして、家族は結合を求めるのである。

災害時における家族のつながりを考えるうえで、私にとって最も印象深いのは、イタリアのポンペイ市で見た家族の姿である。ナポリ湾に面してそびえるベスビオ火山は、西暦七九年八月に大噴火をして、ポンペイ市やヘルクラネウム市をはじめ、多くの市や村を廃墟と化した。六メートルを超える火山性の堆積物の下に、この市は沈みこんで、完全に姿を消してしまったのである。多くの市民は火山性の有毒ガスによる中毒死か、細かな火山灰が口や鼻、気管をふさいだために窒息死した。その上を厚い火山灰の層が覆ったのである。一九六一年に、市のはずれにあった「避難者の菜園」と呼ばれた場所から「石膏型取り法」によって、犠牲者一三人の石膏像が得られた。「石膏型取り法」というのは、厚い火山灰のなかにしっかりと埋めこまれた遺体の有機質が、長い年月の間に徐々に分解してできた空洞に、石膏を注入して遺体のもとの姿を再現する考古学的な方法である。大人や子供たちが、家族ごとに死んでいたのである。火山灰や火山礫の降りしきるなかを、ここまで避難してきて、さらなる避難のタイミングをはかっている間に、全員が息絶えたものと思われる。一人の男性は、右ひじを石の台の上についいて上半身を起こし、倒れた家族を見やりながら絶命している。

幼い子供や老人、病人などをかかえる家族では、か弱いものたちを保護し、災害をのがれるためには、家族が結合力を強めなければならないという事情がある。どのような社会的弱者を家族の構成員に含むかによって避難行動を開始する時期にちがいが現われる。幼い子供がいる家族では、避難行動は早めに始まる傾向があり、老人や病人のいる家族では遅れる傾向がある。このため、後者への支援がより重要になる。

家族が、もしひとつの単位としてではなく、バラバラに避難したとすれば、元気のよい若者たちは生きのびることができるかもしれない。そのかわり、幼いもの、老人たちは生き残ることができないだろう。家族の心理的・身体的な相互支援の重要さを考えると、家族とともにあることは、総体的には、サバイバルにとって有利な条件をもたらすものであることは間違いない。次に示すのは、家族とともにあることの生存上の利点を示すひとつのケースである。

2．ダナー隊の物語から見た家族

人間の生存をめぐるさまざまな条件を考えるうえで、ダナー隊が遭遇した悲劇以上の事例にお目にかかることは、そう多くはないだろう。ここでは手短に、ダナー隊について語ることにしよう。

アメリカ・イリノイ州のスプリングフィールドに住むジョージ・ダナーと、その兄のジェイコブ・ダナー、この兄弟の友人であるジェイムズ・リードは、すべての財産を処分してカリフォルニアへの移住を決めた。道のりは二〇〇〇マイル（約三二〇〇キロ）。その前途は多難であった。一八四六年四月、三人とその家族は、それぞれが三台ずつのワゴンに家財を積み、家族や使用人、御者などを引きつれて、総勢三二人で出発した。一台のワゴンを、六頭だての牛がひき、時速二マイル（三・二キロ）の速さで進んだ。ワゴンは大きさもかたちもさまざまで、たとえば、リードの家族が乗ったのは二階建てで、「パレス・カー」と呼ばれた超豪華なワゴンだった。途中で加わる者があり、やがて総勢八八人（ここまでの途中で一人が病死しているので、厳密には八七人）になった。そこで、かなり緩い関係だが、隊としての体裁を整える必要があって、弟のジョージ・ダナーが隊長に選ばれた。ダナー隊の名は、隊長のジョージ・ダナーからきているのである。

「西部劇の時代」のことである。当時、アメリカ大陸を横断してカリフォルニアやオレゴンへの移住をこころざす人びとは、はじめは家族や単身で出発しても、移動の途中で隊をつくったり、移動中の隊に加わったりして、集団で移動することが多かった。外敵から身を守り、相互の協力で困難な状況を切り抜けるのに都合がよかったからだ。隊には隊長がいたが、その権限は、大きなものではなかった。通常は投票で選ばれ、その主要な役割は、隊の出発時間を決め、キャンプ地を選び、もめごとを仲裁することなどに限られていた。隊にとって重要なことがらは、全員の合議で決められた。したがって、宿泊、食事などの日常生活は、家族単位で営まれたのである。その意味で、家族の役割は、最初から大きかったと言えるだろう。

雪が来る前に、カリフォルニアへの最後の関門である、急峻なシェラネヴァダ山脈を越えなければならなかった。ダナー隊の表向きの人数は、新たに使用人として加わった二人のネイティヴアメリカンを加えて九〇人になっていた。ここで表向きの人数と言うのは、すでに六人の死者がでていたが、それらを含めての人数だからである。最後の休憩地である、現在のネヴァダ州・リノ市を出発したのが一〇月の終わりで、山にはすでに雪が降っていた。

記録的な豪雪のなかを移動したが、一一月のはじめには、シェラネヴァダ山中で雪に行く手をはばまれて、身動きできなくなり、山中で越冬することになった。そして翌年の四月に、すべての人びとの救助が完了するまでの間、厳冬と食料不足のために多くの人びとが死亡した。

九〇人いた隊員のうち、四八人が生きのびてカリフォルニアへ渡り、四二人が、途中で死亡している。死亡率は四七パーセントであった。カリフォルニア大学・デーヴィス校のスティーヴン・マッカーディは、九〇人の性別、年齢、家族の有無などを整理して、生存率の統計的分析を行っている。その分析結果によると、単身でダナー隊に参加した人びとの死亡率は、家族とともに旅をした人びとの二倍になっている。ダナー隊では一八人が単身者で、七二人が家族と行動をともにしていた。年齢を平均値で比べると、単身者が二九・九歳。家族とともにいたものが一八・八歳で、単身者の年齢の高さも、死亡率の高さに影響をおよぼしていたことが推測される。また、単身者についてみると、全員が男性であったことも、死亡率が高めにでている理由かもしれない。男性の死亡率は女性の二倍に達していたからである。そこで、この分析結果は、やや割引いてとらえなければならないが、それにしても、家族とともにいることは、サバイバルにとってプラスに働くことは間違いない。だが、なぜ家族とともにいることが、生存のためにプラスになるのだろうか。

3．家族とともにいることの生物学的な利点

多くの動物は、何らかの生命の危険に直面した時に、互いが結合してエネルギーの損失を小さくし、外部からの災いに効率的に対応しようとする。だが、脅威にさらされていて、しかも窮乏のさなかに、互いに支えあい、乏しい資源を分けあってともに生きようとしても、もし、相手がすべてを独占したり、裏切り行為を働いたりして、こちらの信頼に仇で報いるようなことがあれば、破滅的な状況を招きかねない。血縁で結ばれた家族は、その点で最も信頼できる集団である。

家族という枠組が、シェルターのように、また、盾のようにその構成メンバーを保護している。このような雰囲気のなかで、親は子供のために、子供は親のために、しばしば自己犠牲をともなう援助行動に躊躇《ちゅうちょ》なくかかわっていく。このような、社会心理学で言う「愛他的な行為」の交換を行う人びとの生存可能性が高まるのは当然である。

家族の役割は、行動面での資源の共有や相互扶助だけにあるのではない。家族のメンバーど

うしの感情的な結びつきが、さらに重要な意味をもっている。この感情的な交流が生存能力を高めるのである。家族は心理的にも物理的にも凝集性を高めることで、災害時における家族メンバーへの危険を、分散化し最小化することができるのである。

4．昼間の災害と夜の災害におけるヒューマン・ファクター

災害が、昼間起こった場合に比べて、夜間に起こった場合の被害が拡大するのはなぜだろうか。夜には、就寝中など私たちが無防備な状態に置かれるというのが、ひとつの大きな理由だろう。もうひとつの大きな理由は、私たちが行う災害発生についての確認行動が、夜間には難しくなることである。自然災害の発生を知るのは、多くの場合、目で見たり、音を聞いたり、揺れを感じたりといった、五官による確認行動によっている。一九七七年に北海道・有珠山《うすざん》が噴火した際に、私たちは、被災地でアンケート調査を行ったが、噴火をどのように知ったかという質問に対して、回答者四三一人のうちの八五・二パーセントの人びとが、「自分の目で見て知った」と答えている。通常の場合の避難行動は、確認行動によって災害の発生を確認したあとで、開始されるのである。災害が夜間に起こった場合には、この確認行動が難しくなるために、避難の機を逸して、災害の犠牲となるような痛ましいことが起こる。

災害情報は、自分の目で見たり、感じたりするだけでなく、テレビやラジオ、インターネッ

トなどによるマスコミ情報や、友人・知人からの連絡などさまざまな経路を通じて伝達される。マスメディアや、パーソナル・コミュニケーションのネットワークを通じての情報行動も、避難行動の開始にとっては重要な鍵となる。このような災害を体感以外の方法で確認する可能性も、夜間には小さくなるため、災害発生を迅速に知ることが難しくなる。さらに言うならば、消防や警察などの防災組織も、夜間には機能が低下し、加えて、暗さや寒さなどの悪条件が加わることが、避難行動を遅らせ、その結果として、夜間に発生する災害は、昼間よりも大きな被害をもたらすことになる。

5．模倣性または感染性

避難行動には模倣性と感染性が見られる。隣人や知りあいなどが避難すると、つられて避難する。また、誰かが避難したのを知ると、次々と避難者がつづくのである。特に、避難すべきか否かについて自分自身のうちで迷いがあったり、家族のなかで不一致がある時などがそうである。自分たちの判断で行動を決しかねる場合には、他人の行動が、災害についての状況判断や、避難行動に踏み出すか否かを決める際の、鍵となることが多い。

6. マスコミ接触とパーソナル・コミュニケーション

日頃からテレビ、新聞、インターネットなどを通じて、マスコミ情報を受容する頻度の高い人びとほど、災害情報を知る機会が多くなり、避難行動を早めに始めることができる。また、対人関係が密であったり、近隣との関係が良好である場合にも、パーソナル・コミュニケーションを通じて災害情報が入ってくるために、避難行動の開始にとっては有利である。たとえば町内会の役員など、地域コミュニティで、積極的な役割を果たしている人びとには、災害情報はより頻繁に入ってくる。このような人びとの情報行動は、より活発で、率先して避難などの災害対応を行うことが多い。

災害を前にしても、多くの人びとが避難したがらないのは、災害に対する正確な認識がもてないためだ。「身におよぶ危険がある」という実感をもつことが、避難行動を起こすために欠くことのできない条件である。災害の脅威をしっかりとイメージすることが、被害回避の避難行動を起こすために何よりも重要である。

7. 災害経験と災害文化

私たちは「学習」という心理的な機能をもっているので、経験を体系化し、試行錯誤によるのではなく、結果に対する見通しをもって、自分自身の行動を制御できる。災害の経験についても同様なことが言える。個人の場合でも、家族のような集団でも、コミュニティのような社会でも、被災経験は、学習により体制化されて蓄積されるのである。

過去に災害に出合ったこと、つまり被災経験があるということは、新たなる災害への耐性、または免疫性をもたらす。ただ、体の免疫の場合がそうであるように、ハシカのウイルスに対して免疫のある人でもインフルエンザにはかかるのである。あるワクチンによる抗体の獲得の効果が、ほかのウイルスが引き起こす病気に対する抵抗力に移行しないように、被災体験の場合も、ある特定の種類の災害体験がもたらす学習効果は、別の種類の災害には役立たないのである。具体的に述べると、それは次のようなことになる。

たとえば、洪水の被災経験をもつ場合には、洪水については、ある程度の自信をもって切り抜けることができる。だが、津波や地震に出合った場合には、洪水の被災経験は役に立たない。また、同じ洪水の場合でも、それまでに経験したのと規模もタイプもいちじるしく異なる洪水に巻きこまれた時には、先行経験は役に立たないばかりか、時に、被害を過小評価させてしまう要因ともなる。また過去に、避難指示に従って避難をしたが、実際の被害はその必要がないほど軽微であった場合には、避難コストは、支払う必要がなかったコストとして記憶される。この場合には、災害経験は次の災害に遭遇した時に、避難行動を遅らせたり阻害したりする要因となる。災害経験があるということは、避難行動を起こすうえで、いつもプラスに働くとは限らないのである。ただ、ここで言えることは、過去に大きな災害を経験している場合には、一般に、避難行動は積極的に実行されるということである。避難の有効性を体得する機会が多いからである。

災害文化について述べる時がきた。度重なる災害は、社会の内部に災害文化をつくり出す。災害文化とは、幾世代にもわたる社会や家族、個人の災害経験が、社会の仕組みや人びとの生活のなかに反映されて、社会の暗黙の規範や人びとの態度や行動、ものの考えかたなどのなかに定着する様式である。災害文化は、社会の災害への適応能力を維持するのに貢献する。たとえば、台風の常襲地域では、台風は毎年のある季節における自然現象の一部として受容され、人びとのものの考えかたや行動のしかたが、台風に慣れ、その被害を軽減するよう、おのずと適合的なものとなっていく。また、度重なる台風の来襲は、防災計画を社会生活のなかに位置づけ、防災技術の練磨や災害時の人的・物的な資源調達の方式を、社会のなかに根づかせていく。これを「台風災害文化」と呼ぶ。このほかにも、ハリケーンの常襲地帯であるアメリカの南部諸州では、ハリケーン災害文化が、また、日本のような地震国では、地震災害文化が生まれる。人間社会が自然災害と折りあって生きていくための意匠として、災害文化が育まれ、災害への適応と、集合的なストレスの軽減に役立っているのである。

第3章　危険の予知と災害被害の相関

災害の予知

1．科学的予知の効用と限界

もし一〇〇パーセント確実に、災害の発生を事前に知る手立てがあれば、これに勝る防災の手段はない。そうなれば、災害の回避は、個人がそうしたいかしたくないかの、個人的な意思決定のありかたしだいとなる。したがって、防災という概念自体が、意味をうしなってしまう。だが、災害発生を完全に予知することは、そもそも不可能なのである。私たちは、自然の秘密に限りなく肉迫していくことはできるだろうが、そのすべてを知りつくすのは不可能である。自然災害についても同じである。大まかで近似的な予知情報は、得ることができても、いつ、どこで、どの程度の規模の災害が起こるかを正確に知ることは、多様で不確定な要素が介在するために、おそらく、永遠に不可能だろう。

現在のところ、災害の科学的な予知が最も進んでいるのは、気象災害である。人工衛星からの情報で、台風の発生やおおよその進路などは予想できる。だが、台風の勢力の変化や、正確なルート、それがもたらす雨量や風速などについては、かなりラフな推測の域をでない。そのほかの気象災害を取りあげても、ほとんど同じようなことになる。考慮しなければならないパラメータが無限に存在するのである。落雷や竜巻などの発生も、また、豪雨や洪水なども、危険性や可能性は大雑把には予測できるとしても、被害の発生を完全に回避するためには、精度が低すぎる。ましてや、科学的な解明が不十分なそのほかの自然災害、たとえば地震、噴火などの地殻災害、土石流や地すべりのような地盤災害に関する災害の予知は、いまだ十分な信頼に足るものではない。

2．東海地震予知の場合

防災と災害予知の観点から見ると、東海地震の対策は、きわめて冒険的なことを試みているので興味深い。日本の行政府としてはめずらしく、ドン・キホーテ的な蛮勇さを発揮しているのである。

東海地震は、駿河湾の海底断層（トラフ）を主要な震源域とする地震である。四半世紀以上も前の、一九七六年八月に、「あした起こっても不思議ではない」という切迫感をもったコメント付きでその発生が予想された。この年の一〇月四日には、はやくも参議院の予算委員会で、同一三日には、衆議院の科学技術特別委員会で、参考人として出席した地震学の権威たちによって、「東海地震説」はその科学的な根拠が追認されたため、ここに、国が優先的に取り組むべき緊急課題として、急浮上したのである。そして、マグニチュード八クラスとされるこの巨大地震の対策を目的とする、「大規模地震対策特別措置法」という法律が、一九七八年六月に公布、一二月には施行されることになった。

世界の災害史上でも、科学的に予想されただけの災害に、国が総力的な事前対策を行ったという点で、これはきわめて異例なのである。さらに、異例ずくめのことだが、東海地震対策を、実際的な財政面でバックアップするために、五年間の時限法「地震財特法」（正式名称、地震防災対策強化地域における地震対策緊急整備事業に係る国の財政上の特別措置に関する法律）が、一九八〇年度から八五年度まで施行され、その後、さらに五年間延長されたのである。この法律のもとで、国は、震度五（注　この震度階級は、〇から七までの八階級で、現在では使用されていない旧来のものである。一九九六年一〇月に震度階級は改定されて、一〇階級となった）以上の揺れに見舞われると予想される、一七〇市町村の対策強化地域に、防災のための総事業費四一七四億円を支出して、震災対策を行うことになったのである。当時の震度階級で、震度五の地震とは、壁に割れ目が入ったり、墓石や煙突、石垣などが破壊する程度の、いわゆる強震と呼ばれる地震のことだ。

特筆すべきは、東海地震の防災対策を規定する大震法では、東海地震の前兆現象を科学的に把握できることを大前提としていることである。前兆現象をとらえると、気象庁長官の私的諮問機関で地震学者からなる、「地震防災対策強化地域判定会」（略称、判定会）が緊急招集される。そして、その場で東海地震が起きそうだという判断が下されると、気象庁長官は、内閣総理大臣に地震予知情報を報告し、総理大臣は、直ちに閣議を開いて警戒宣言（東海地震警報）を発令する仕組みになっている。

この東海地震対策には、このシステムがつくられた当時の、国や地震学者の、地震予知への悲願がこめられていた。当時の日米の地震学者は、中国が、海城地震（一九七五年二月）をはじめとする、いくつかの地震の直前予知に成功して、多くの人命の損傷を防止したという報告に接した。日本やアメリカの地震学者の間に、地震予知に対するバラ色の夢が広がったのである。やがて、地震予知への期待は、自信へと変わっていった。いずれにしても、それは、当時の時代的ムードの産物だったと言ってよいだろう。その後、中国は、一九七六年七月の、唐山地震の直前予知に失敗して、二四万人余りの死者をだしたが、これとても、唐山地震の発生は、半年前から予知していたが、直前の警報がまにあわなかったという説明に満足していたのだ。

本格的な日本の地震対策が、巨大地震を、その前兆現象によって直前予知できるとするオプティミズムから出発したことは間違いない。直前予知の可能性に対するオプティミズムは、その後、急速に尻つぼみになるが、オプティミズムからの出発自体は、けっして悪くはなかった。高度成長期の潤沢な財源を投入して、費用便益を度外視した防災投資が始まったからである。その結果は、静岡県を中心に、地域の耐震性が強化され、震災への脆弱性《ぜいじゃくせい》が軽減されるというプラスの効果をもたらした。スタートはよかった。だが、幻想をいつまでももちつづけることは危険であった。

3．予知の夢から現実直視

二〇〇二年には、東海地震の被害想定の見なおしが行われた。その結果、この東海地震の大きさはマグニチュード八・〇であること、震度六弱以上の揺れと、津波などの被害が予想される対策強化地域が、名古屋市を含む八都県二六三市町村にまで拡張されたのである。震度六弱の地震とは、一九九六年に改定された新しい震度階級の、下から八番目、上から三番目の地震である。耐震性の低い住宅が倒壊したり、家のなかでは、固定していない家具が移動、転倒し、ドアや窓などが開かなくなる程度の揺れである。また、ガス管や水道管が破損し、停電する地域もでてくる。

ところで、東京には、これまで対策強化地域がなかったのだが、この見なおしで、津波の被害が予想される新島、神津島、三宅島の三つの島が新たに対策強化地域に加えられた。

国の中央防災会議は、もし、判定会が見逃しをして、突然、東海地震に見舞われた場合には、最大で一万人の死者と三七兆円の経済的損失がでると予想している。また、民間のシンクタンクの試算によると、もし、判定会が警戒宣言をだして、それが空振りとなった場合にも、警戒宣言の発令と同時に、交通や金融などの機能が停止させられるために、一日あたり最大で、一七〇〇億円の経済的損失をこうむる。

もし、警戒宣言が連続して一〇日間発令されたままだと、それだけで一兆七〇〇〇億円の経済的な損失があるだけでなく、日本経済におよぼす長期的な影響は、はかりしれない。そこで、現在の地震予知の精度からして、このように大きな損失を招く恐れのある警戒宣言は、事実上だせないというのが当然の帰結だろう。地震科学の現段階では、巨大地震の長期・中期予知は可能だが、直前予知は難しい。このような手づまり状態を解消する最も信頼性の高い方策は、十分な費用をかけ、地道な努力を注ぎ、地震災害そのものに対する地域社会の脆弱性を、一つひとつ段階を追って除去していくことにある。不思議なことだが、四半世紀も経ってから、やっと、その方向への軌道修正がはかられることとなった。

二〇〇三年になって、東海地震対策は、「地震予知」への信仰から、合理的な「正道」へと向かいはじめた。気象庁の地震の専門官でさえ、東海地震の直前予知が可能なのは、一九四四年の東南海地震の時に現われたとされる、断層面のプレスリップ現象という、ゆっくりとした前兆が観察される時だけであることを認めている。また、プレスリップがかりに起こったとしても、観測網でとらえられない場合があることも、彼らは認めているのである。東海地震が直前予知できる保証は、科学的にはないのである。

少しわき道にそれるが、一九八四年頃から、私たちの研究チームは、地震予知の社会的影響に関する研究を始めていた。その手始めとして、日米両国で、地震防災の行政担当者や研究者などから、聴き取り調査を行ったのである。アメリカのカリフォルニア州は、日本と同じように地震が多く、また、日本と同じように、多くの優れた地震学者が競って地震予知の研究をしていた。私たちは、州政府の地震対策の中枢にいた、地質専門官のジェームス・デーヴィス博士にインタヴューした。その時に、彼が私たちに語った次のような言葉は、特に印象的であった。

「カリフォルニアの地震の巣は、サンアンドレアス断層を中心とする断層の上にあって、きわめてよく研究されています。どんなに遅くても、私が生きている間に大地震があることは断言できます。しかし、一年以内の誤差で、大地震を予知することは無理です。東海地震の震源域は、カリフォルニアのように地表にあるのではなくて、海底です。予測は、いっそう難しいでしょう。日本の科学者は、予知に楽観的ですが、われわれは現実的です」

私は、当時、デーヴィス博士の言うところは、まったく正しいと感じた。そして、そのとおりだったのだ。

二〇〇三年の五月二九日に、内閣総理大臣を議長とする中央防災会議は、「東海地震対策大綱」をまとめ、東海地震対策を大幅に変更した。まず、「大震法」以来の、直前予知をたのみとする対策から、地震に、突然襲われた場合に、被害を最小化する対策へと、大きく舵《かじ》を切ったのである。次に、この「対策大綱」では、「判定会」が「警戒宣言」を発令した場合にも、空振りする可能性が大いにあることを認めて、警戒宣言が継続してだされている間の、住民の安全を確保し、経済的損失を軽減するために、「規制緩和」をはかろうとしているのである。たとえば、これまで、警戒宣言の発令後は、すべての病院が原則休診、小売店も閉店であったものが、耐震性のある病院は、原則的には診療を継続するものとし、また、耐震性のある店舗も、営業することができることにした。また、交通機関のうち、鉄道は、「対策強化地域」内では停車するが、震度五強以下で、津波の危険のない地域では、鉄道会社が安全と判断した場合には、鉄道の運行を行うことができるという、かなりの程度まで、地域住民の生活の便宜を配慮して、病院、デパート、スーパー、鉄道などの営業主体による自由裁量を認めたものとなっている。地震予知の可能性に対する、バラ色の夢から目覚め、多少の夢の名残をとどめながらも、現実への道に踏み出した日本の地震対策の姿を示している。

この「東海地震対策大綱」の主旨は、どうやら東海地震対策を規定した「大震法」を骨抜きにすることにあるようだ。中央防災会議は、二〇〇三年の七月二八日に、この新しい「対策大綱」にもとづいて、警戒宣言がでた時の対応を定めた「地震防災基本計画」を二四年ぶりに改正した。東海地震に関する前兆情報を、「観測情報」「注意情報」「予知情報」の三種類に分けた。東海地方一九か所に設けられた観測地点の機器が、一か所で前兆の可能性がある異常を観測した場合には、「観測情報」をだすが、連絡体制の強化などのほかには、特別な防災対策はとらない。異常観測地点が二か所になった段階で、「注意情報」がだされる。この「注意情報」がだされると、学童の帰宅、旅行の自粛の呼びかけや、救助や救急、医療班の派遣準備などの即応態勢がとられる。そして異常観測地点が三か所以上になった時に、「判定会」が招集され、「判定会」が東海地震の発生の可能性があると判断した段階で、「予知情報」がだされ、この「予知情報」にもとづいて「警戒宣言」が発令される仕組みになったのである。

今回、東海地震情報を三段階に分けた背景には、東海地震の予知ができるという「予知神話」が崩壊寸前にあるという事情がある。言葉は悪いが、「観測情報」なら乱発しても、誰からも文句はでない。しかし、直前予知が事実上難しいとすれば、同じアウトでも、少しでもバットを振っておこうという思惑が働いても不思議はない。中央防災会議は、近い将来、東海地震が発生したあとの、広域災害対策を規定する「東海地震応急対策活動要領」を作成する予定だという。

しかしながら、「大震法」が施行されて二五年もの間、地震予知の可能性をひたすら追いつづけて、夢のなかで地震対策をしていたというのは、いかにもおそまつではないか。その間に「あした起こっても不思議ではない」と言われた東海地震が、実際には起こらなかったからよかったものの、もし東海地震が発生していたら、この誤った対策がどのような惨憺《さんたん》たる結果をもたらしたか。考えるだに恐ろしいことである。

災害予知の的中率は、現段階ではお世辞にも高いとは言えない。けれども、私たちが防災を進めるうえでは、この決定的とは言えない情報を活用して、災害による被害軽減に役立てる必要があることは確かである。防災に絶対という言葉はない。少しでも災害のリスクを減らすためには、全方位の防災網を構築すべきである。そのひとつの中心に、災害の科学的予知が位置づけられる。ただ、予知の可能性に頼りすぎるのが危険なのである。現代の災害科学の成果にもとづいて発せられる災害警報と、その伝達のありかた、およびその受容過程について、これから、順次取りあげていくことにしよう。

災害警報とは何か

1. 警報の機能

気象庁は、災害による重大な被害が予想される時に、災害警報を発令する。この警報には、暴風、暴風雪、大雨、大雪、高潮、波浪、洪水など、気象災害の警報だけではなく、津波警報もある。また、実際には、警報という名では呼ばれていないが、東海地震に関する「警戒宣言」、および、火山の噴火災害に関連してだされる「緊急火山情報」なども警報である。これらはいずれも、気象庁からだされることになっている。

警報の目的は、「災害が発生して、重大な被害がでる恐れがあるので、被害軽減のために必要な行動をせよ」という、行動喚起のメッセージを伝えることである。このメッセージの最終的な宛先は、私たち一般の市民であるが、気象庁は、警報を直接的に送る手段をもたないので、国や都道府県などの行政や、テレビ、ラジオなどのマスメディアを通じて、危険地域の人びとに警報を伝達するのである。

だが、警報には、危険の告知は示されているが、何をなすべきか、何をしてはいけないのか、といった個別の状況にあわせた具体的な行動の指示は、通常の場合には、含まれていない。したがって、その災害について知識のない人びと、災害経験のない人びとにとっては、重大な災害が、まもなくやって来るという情報に接しても、ただただ困惑し、混乱するだけになってしまう。そこで、警察や消防などの防災機関、および、内閣府・国土交通省・都道府県の防災担当部局・市町村の消防防災課などの、防災行政を担う国や地方の行政機関が、実際の防災対策を行い、危険地域の住民への指示や支援を行うことになる。また、特に、警報発令時の情報の伝達には、マスメディアの果たす役割が大きい。もし、テレビやラジオなどのマスメディアから、地域住民への行動指示の情報が与えられないとなると、災害警報は、被害の軽減にほとんど役立たないと言うことができる。そのくらいに、マスメディアは、重要な働きをしているのである。

また、適切な災害への対応行動を、十分に行うためには、マスメディアの機能を補完するものとして、家族、友人、知人などとの、パーソナル・コミュニケーションが重要である。パーソナル・コミュニケーションのネットワークを通じて、個人的に親しい者どうしが、相互に情報を交換しあうことは、警報の内容を確認するために必要なことである。

2．早期警報は重要だが、三振してもいけない

災害が発生してから警報をだしたのでは遅い。災害の対策を行うための十分な時間的余裕がなくてはならないのである。そこで、なるべく早期に警報をだす必要がある。この警報は、災害が襲ってくる時と、場所と、その規模に関して具体的で正確でなければならない。だが、これが容易ではない。

すでに述べてきたことではあるが、災害警報は、次のような手順を踏んで発令されていることを、確認しておこう。まず、異常現象が報告される。これは台風やハリケーン、サイクロンのような気象災害であれば、気象衛星から送られてくる気象データがそれであるし、火山の噴火であれば、人工衛星や航空機によるリモートセンシング、火口付近に置かれた地震計やＧＰ

S（カーナビなどに用いられている、人工衛星を利用して現在位置を正確に測定するシステム）など多くの計測機器によって、山体の変化の状態や、地下のマグマの移動などがとらえられる。そのほかの災害の場合でも、異常現象の科学的観測と測定は、災害警報をだす際には、欠くことのできない要件である。

さて、このようにして集められたデータが解釈された結果、重大な被害をおよぼす災害の発生確率がきわめて高いと判断された場合には、警報発令機関（気象庁）は、警報の内容を検討し、整理したうえで成文化して、警報として公表する。そして、公表された警報は、迅速に、被害が想定される人びとに伝達されるが、切迫した状況のなかで、誤りなく伝達されなければならないので、テレビやラジオなどの電波媒体系のマスメディアを利用することが多い。アメリカなどでは、電話を利用して自動的に、かつ、いっせいに警報を伝えることも行われている。時を同じくして、行政による防災行動が開始される。具体的には、警察・消防の出動、自衛隊への出動要請、市町村の広報車や防災無線などを通じての広報などが、さまざまなレベルにおいて開始される。

災害の悲惨な結果を予防するために、警報は重要な機能を果たしている。避難も救援活動も警報の伝達をまって開始される。したがって、警報発令と防災行動の完了との時間的なズレを考えると、できるだけ早期に警報をだすことがのぞましい。ただ恐れなければならないのは、時間をかせごうとするために、外れの多い警報が乱発されることである。「オオカミ少年現象」を起こさないためにも、空振りはできるだけさけなければならない。たとえ一、二度の空振りは許されても、三振してアウトになってはいけないのである。

ひとつの悲劇的事例を、一九八二年七月の長崎水害に見ることができる。この水害は、長崎県内だけで二九九人の死者・行方不明者をだしている。警報が四回空振りをした結果、警報への信頼性が損なわれたのである。

一九八二年の七月、長崎地方は、梅雨の末期にあたり、大雨の降りやすい不安定な気象状況であった。長崎海洋気象台は、七月一一日、一三日、一六日、二〇日とたてつづけに、四回の大雨洪水警報を発令した。だが、いずれの場合も、災害は起こらなかった。警報はだされたが、災害は起こらなかったので、警報への信頼性が低下していた。そのような時、二三日の午後四時すぎに、気象台は、五度目の大雨洪水警報を発令したのである。警報文は、ほぼ次のようなものであった。「長崎地方では、今夕から明朝にかけて、時どき、雷をともなった強い雨が降り、山くずれ、がけくずれ、低地の浸水、河川の増水、氾濫、落雷など、大きな災害の発生する恐れがあります。十分警戒してください」。

この気象台からだされた警報は、県や市町村からも、ほとんどかえりみられない程度に軽く扱われ、住民の側も事態の深刻さを理解しなかったのである。そのため、避難などの防災行動も遅れた。この時には、警報どおりに、長崎市内で一時間の最大雨量一二八ミリ、二四時間で五二七ミリという記録的な集中豪雨が降って、県内各地で山くずれやがけくずれが起こった。そして、不意を突かれた人びとのなかに大勢の犠牲者がでたのである。

3 正常性バイアスが警報の信頼性をゆがめる

アメリカの災害社会学者のロナルド・ペリーたちは、アメリカのある地方で洪水が起こった時の、住民の錯誤を次のように述べている。

「フィルモアでは、ついひと月ほど前に、小さな洪水に見舞われていた。そのあとで、洪水警報がだされたのだが、多くの人びとは、今度の場合も、危険は小さいと高をくくって、ふだんどおりの生活をしていた。そこを大洪水が襲ったのだ」

このような軽微な災害の先行経験が、その後の災害リスクを過小に評価させる傾向は、本書の「プロローグ」で述べた正常性バイアスとも深く関わっている。

人びとは警報を受け取っても、自分たちに危険が迫っていることをなかなか信じようとはしない。そのため、直前の警報が外れたり、警報のメッセージに、少しでも曖昧なところや、矛盾したところがあったりすると、警報の信頼性に対して疑いの目を向ける傾向がある。正常性バイアスという私たちの心に内蔵されている機能は、もともとは、私たちが過度に何かを恐れたり、不安にならないために働いているはずなのだが、時に、この機能は、私たちをリスクに対して鈍感にするというマイナスの役割を果たす。注意が必要である。

だが、どうしても警報の伝えるメッセージが曖昧にならざるをえない場合があることも事実だ。たとえば、地震や火山の噴火などのように、現代科学がきわめて不十分にしか把握していない災害因の場合には、専門家や防災担当サイドの発言は不明瞭になり、誤解を招きかねない。そのような時に重要なことは、現段階で科学的に何がわかっていて、何がわからないかを明快に述べることとである。そして、不確定だが、何もしないでいる危険は、避難などの防災行動をする危険よりも、はるかに大きいことを納得してもらうことである。

災害リスクに直面している人びとは、正確な情報を求めている。科学的にはここまでしかわからない、という専門家の説明や、危険の可能性があるので、防災行動を始めてくれという、防災行政担当者の説得に対しては、私たちは謙虚に聞く耳をもっている。防災担当者が心すべき鉄則は、まず、防災について素人である一般市民に正直であれ、ということだ。この原則が確実に実行される場合には、正常性バイアスにおちいる心配はない。

伝達と受容

1. 伝達の経路

災害警報のような生死を分かつ情報に接した場合には、その情報の真偽を確認するために、別のルートからの情報によってチェックするということはごく一般的に行われる。ダブルチェック、またはクロスチェックと呼ばれる再確認のことである。そして、二つの情報内容が一致した時に、はじめてその情報を私たちは確信することができる。この二重の妥当性の検証が可能であることが、災害警報を信用して受容する際の最も重要な要件である。

災害の警報は、警報発令機関からテレビ、ラジオ、新聞などの報道機関へ伝えられるとともに、行政機関、警察、消防などに、伝達される。この警報伝達を、第一次警報伝達過程と呼ぶ。報道機関も行政機関や災害対応機関も、それぞれが、多様なチャネルを通じて警報を住民に伝達する。この伝達過程を、第二次警報伝達過程と呼んでいる。

これら二つの伝達過程を取りあげて、その特徴について解説しておくことにする。まず、第一次の警報伝達過程では、警報は、ルーティンに従ってきわめて正確に伝えられるので、伝達もれやノイズの混入による伝達情報のゆがみはほとんど起こらない。だが、第二次の警報伝達過程では、情報のゆがみや誤情報の混入が起こる場合がある。そして、この誤報の伝達が混乱をもたらす可能性がある。警報の受け手がきわめて多様な不特定多数の人びとであるため、ダブルチェックを怠るなどの予測不可能な事態が起こりうるためだ。誤報の危険性があるために、警報の受け手である私たちは、複数のルートを通して得た情報を、相互に照合して、真偽を確かめる必要がある。

たとえば、オーソン・ウェルズのラジオドラマが引き起こした「火星人の来襲」さわぎは有名な話だ。アメリカの映画監督であり、俳優であり、映画のプロデューサーでもあったオーソン・ウェルズは、第二次世界大戦前のラジオ全盛時代に、〝オーソン・ウェルズ劇場〟というラジオの番組を企画・放送していた。一九三八年のある日に、イギリスの作家H・G・ウェルズ原作のラジオドラマ「宇宙戦争」を放送した。このドラマはニュース報道タッチで、火星人が地球を襲い、地球人を殺戮《さつりく》する様子をリアルにえがいていた。ただし、冷静な聴取者は、ドラマのいたるところに挿入されていた、「これはドラマであり、事実ではありません」というコメントを聴き、ドラマとして「宇宙戦争」を楽しむことができたのだが、早呑み込みの人びとや断片的に聴いた人びとが、このドラマを事実と誤解した。

だが、この場合にも、ラジオドラマを聴いて、火星人の地球への攻撃に驚愕《きようがく》するだけではなく、次の瞬間には、ほかのラジオ局に、ダイアルをあわせるとか、友人に電話するなど、さまざまなチャネルを通じて情報を収集して、「火星人の来襲」が、ドラマであることを確認した人びとが大多数であった。災害警報を伝えられた時も、多くの人びとは、このようなダブルチェック、トリプルチェックを行っている。

2．誤報は実際には混乱を起こさない

災害警報をめぐる誤報のうち、最も問題を起こしそうなのは、前項で述べた第二次警報伝達過程である。報道機関や行政機関が、実際には、存在しない警報を、誤って伝えてしまう場合である。これは警報を伝える装置などの誤操作によるものが多い。

たとえば、一九八一年一〇月三一日の、午後九時頃に、神奈川県の平塚市内の屋外に設置されていた同報無線のスピーカーから、石川京一市長（当時）の声で、「市民の皆さん、私は市長の石川です。先ほど内閣総理大臣から、大規模地震の警戒宣言が発令されました。当座の飲料水、食料、医薬品などを確かめて、いつでも避難できるように、準備してください」という放送が流れた。そして放送後三〇分ほどして、誤報に気づいて、訂正を行っている。原因は、市役所の職員が、同報無線の送信装置を誤って操作したためであった。

だが、この誤報である「東海地震の警戒宣言の発令」放送を聞いた人びとのうちで、ほんとうに警戒宣言がでたと思ったのは、市民全体の四パーセントにもみたなかったのではないか、

という調査結果がある（東京大学新聞研究所調査）。しかも、この調査によれば、警戒宣言がほんとうに発令されたと思った人びとと、半信半疑だった人びとが、まず最初に行ったのが、火の始末やガスの元栓を締めることだったという。次いで、テレビやラジオの放送に注意したり、市の同報無線の放送に注意することであった。このように複数のチャネルによって、警報の真偽をチェックすることができれば、誤報はおのずと誤報であることが明らかとなり、混乱が引き起こされる危険は、ほとんどない。

平塚市の誤報事故の三か月後の、一九八二年一月二〇日には、東名高速道路の管制室で、路上に落下物があることを表示しようとして、職員が警報装置のダイアルをまわしすぎて、「東海地震の警戒宣言発令」の表示をだしてしまうというミスがあった。午前一〇時二五分から、一六分間にわたってこの表示がだされた。だが、この表示について問いあわせてきたのは、わずか二、三件にすぎなかったという。このように、警報が単独で伝達されても、無視されてしまう傾向がある。むしろ、このような誤報事故が明らかにしたことは、警報が発令されても、見すごしたり、聞き流してしまい、人びとの注意を喚起しないということである。警報は、いくつものルートからマルチ・チャネルで伝えられないと、ターゲットである人びとのところまで届かない。

災害警報は、多くのメディアを通じて、いっせいに伝達される。それに対して、誤警報は、単一のメディアに限られることが多い。そのために、誤った警報が、一般に知らされる機会は少なく、また、誤警報の到達範囲は狭いので、他チャネルを用いた確認行動で、容易に誤りであることがわかるのである。誤った警報がもたらすマイナスの影響を、それほど恐れる必要はない。

3．放送メディアからの警報は効果がある

台風にしても、洪水にしても、私たちが最初に警報に接するのはマスメディアを通じてである。一九六一年に「カーラ」という名前の最大級のハリケーンがアメリカ南部に上陸した時に、災害社会学者のムーアらが、被災住民にアンケート調査を行っている。その調査結果によれば、ハリケーンについての、最初の情報源が、テレビだと答えた人びとは五五パーセント、ラジオと答えた人びとは三三パーセントと、放送メディアから最初の情報を得た人びとが圧倒的であり、気象台や地方行政機関から得たと答えた人びとは、それぞれ一パーセント未満であった。次いで、ムーアらは、警報を伝達するメディアとしては、何を最も信頼したか、という質問を重ねて行っている。最も信頼できるメディアとして、テレビをあげた人びとが六一パーセント、ラジオと答えた人びとが三〇パーセントで、両方を合わせると、九割を超えているのである。放送メディアが、いかに警報の伝達の手段として有効であるか、また、放送メディアが一般の

市民からいかに信頼されているかが、はっきりとわかるのである。

放送メディアにも、欠点がないわけではない。放送は、英語ではブロード・キャストであるが、ブロードとは広いという意味であるように、放送メディアは、広域をカヴァーするのには便利で適している。しかし、狭い範囲に住む人びとに、個別の事情にあわせた情報を伝えるのには、やや都合が悪い面がある。一九七九年一〇月の、木曾御岳山《きそおんたけさん》の噴火の折に、私たちは、被災地域でアンケート調査を行った。噴火の時に、何をすべきかの、行動の指針を得るのに、どのようなメディアが役に立ったかをたずねている。回答者五四八人のうち、六三パーセントの人びとが、一番役に立ったのは、村役場からの有線放送だったと答えている。次いで、テレビが二六パーセント、ラジオが一パーセントで、村の現況を熟知している村役場からの、懇切丁寧な災害対応行動の指示が、最も有効だったと高く評価している。

電波放送メディアは、広領域に、一律の警報メッセージを伝えるのには有用だが、より具体的な防災対応を伝えるメディアとしては、狭い地域の地形や、災害への脆弱性を考慮した、有線放送のような、もう少し狭い範囲をカヴァーする放送メディアのほうが、より効果的だということがわかる。将来における警報の伝達手段としては、広域放送（ブロード・キャスト）と狭域放送（ナロー・キャスト）の、両方の併用を考えていかなければならないだろう。全体状況の把握のために、広域的な視点から災害警報を送出するメディアと、よりきめ細かな災害情報を与えてくれるメディアの両方を求める声は、一九八二年七月の長崎水害の被災地でも、同年八月の、台風一〇号による集中豪雨の被災地でも、また、そのほか多くの災害の被災地でも共通に聞くことができた。広・狭両域放送による災害警報と、防災情報の提供は、被災者の切実な情報ニーズである。

最近では、広域放送が、災害時に、特定の地域や特定の人びとにターゲットをしぼった放送を行うようになってきている。放送メディアが、災害警報の伝達だけでなく、地域特性をふまえた防災や、災害後の生活に必要な情報を提供している。広域放送メディアのこのような新たな役割の付加は、災害後の混乱を防ぐうえで大いに役立っている。一九八二年七月の長崎水害の時の長崎市や、一九八三年五月の日本海中部地震の秋田市、一九九五年一月の阪神大震災の神戸市などの各被災地では、NHKをはじめ民放各局が、〝たずね人〟〝安否確認〟〝地域の被害状況の連絡〟〝生活情報の提供〟など、個人情報や地域限定の情報を長時間にわたり放送することで、被災者の不安の軽減や、士気の鼓舞に貢献している。これらの試みは、広域放送があえて狭域放送を行うことで、人びとの情報ニーズにこたえようとするもので、大いに歓迎すべき災害対応と言うことができる。

4. 想像がつくり出す警報——災害時のデマ

災害時にはデマがとびかうことが多い。災害時の流言とも言う。緊迫した事態に置かれた人びとが、周囲の状況を理解する手がかりもなく、正確な情報も乏しいなかで、なんとか現状をつじつまの合うように解釈しようとして被災者どうしがコミュニケーションを行うのである。その過程で、しだいにつくり出されていく虚構、事実にもとづかない〝物語〟を、災害時のデマ、あるいは災害時〝流言〟と呼ぶ。真偽の判定が難しい状況のもとで、いかにもありそうな〝ストーリー〟なので、多くの人びとが惑わされてしまう危険が大きい。

また、デマをつくり出す側の人びとは、デマをつくり出し、自分たちが創作したデマを信じることで、無意識的に問題のすりかえを行う。そこに、新たな〝真の〟不安の原因を見出すことができ、不安の解消をはかるための行動にはしることができる。阪神大震災の時の例ではガス・タンクが爆発するというデマが流れたことがある。このようなデマも危険ではあるが、時に、さらに危険度の高いデマが流布して、悲劇的な惨事が引き起こされることがある。災害によって発生したストレスを、スケープゴートに対する攻撃によって解消しようとするのである。スケープゴートとは、〝いけにえの山羊〟という意味で、ストレスや攻撃のターゲットとして迫害や虐殺を受ける差別された少数者や弱者のことである。

たとえば、一九二三年九月の関東大震災の直後に、被災地では、朝鮮人が井戸に毒を投げこんだというデマが流れて、このデマを信じた人びとによって、多くの朝鮮人と中国人が殺された。このデマが、もし巷間、言われているように政治的に意図して流されたものではなく、自然発生的に生じたものであるならば、大震災によって、肉親や財産など多くのものをうしない、現在も未来もまったく剥奪《はくだつ》されて、恐怖と不安におびえる庶民の心理の不安定さがつくり出したスケープゴートであったと言えよう。不安の理由を説明し、被災者の恐怖を合理化するものとして、集団的なコミュニケーションの過程のなかで、創作されたと考えられる。

同じようなデマは、ペストが荒れ狂った中世のヨーロッパでは、ユダヤ人に向けられた。ユダヤ人が、井戸水や空気を汚しているというデマが流布して、大虐殺が行われた。一四世紀のドイツでは、ユダヤ人は、ひそかにペストを広げる陰険な神の冒瀆者として、数千人単位で、無差別に焼き殺されたと言われている。

災害時にデマを発生させないためにも、放送メディアを中心としたマスメディアが、人びとの情報ニーズにこたえる正確な情報を提供する必要がある。マスメディアは、単なる警報を伝達するだけの媒体であってはならないのである。情報の空白をつくらないことが、ぜひとも必要だ。災害の脅威のもとでは、非日常的で強烈なストレスにより、正常なコミュニケーションができなくなったり、人びとの視野の狭窄《きょうさく》が起こり、同時に、あらゆる関心が災害の一点に集中するために、良識を働かせて、ことの真偽を判断する余裕がなくなってしまう。このため、悪質なデマが発生して流布する危険が増すのである。

もし、デマが発生して混乱が生じている時には、正しい情報を、可能な限り多くのメディアを使って、くりかえし人びとに伝えることが、デマを解消するための最良の方策である。誤った情報を消去して、混乱を鎮静化するためには、正しい情報を、迅速、かつ大量に流すのが一番よい。

リスク・コミュニケーションの必要性

私たちは、身のまわりにある災害リスクについての情報を求めている。ひと昔前ならば、なまじ災害の危険を、素人の一般市民に知らせると、無用の混乱を引き起こすといった誤った常識が、行政の側にあった。だが、現在では、情報公開を積極的に受け入れる世論のあと押しを受けて、行政の姿勢も大幅に変化した。防災を担当する中央の省庁や地方自治体が、地震や噴火、風水害などの災害リスクを克明に知らせるハザードマップ（災害予測図）の作成を行い、その結果を、公表する姿勢に一八〇度転換したのである。

私たちは、災害リスクをまぬかれないことを、よく知っているし、また災害リスクを正しく認識することの利点も、十分に承知している。行政も専門家も、ハザードマップの公表が、社会や経済を混乱させるなどと心配して、公表を差し控えるような態度をとることは、もはやゆるされない。むしろ、一般市民は、災害リスクに正しく対処するために、リスクを正しく知らなければならないという確信を、もっているのである。正しく災害リスクを知ることが、正しく災害に立ち向かうための必要条件である。この必要条件をみたすためには、ハザードマップの公開を含めた、リスク・コミュニケーションが、専門家や行政と、私たち一般市民との間で行われなければならない。リスク・コミュニケーションとは、専門家（および行政）と災害科学の素人である一般市民との間で、災害がもたらすリスクについて、相互にコミュニケーションをくりかえし行い、リスクに対する認識を共有する作業のことである。

現代科学が知りうるところと、一般の素人の情報ニーズとが重なりあうところで、災害に対する合理的なイメージが形成される。同時に、リスク・コミュニケーションによって、その時どきにおける、ベストの災害対策を実施することができるのである。科学の限界をよくわきまえて、また、一般市民の直観と経験を重視しつつ、よりよい防災体制が、リスク・コミュニケーションを深化させていく過程で築かれていくことがのぞまれる。

第4章 「パニック」という神話

パニックとは何か

1．ヴェールに隠された姿

すでに本書の「プロローグ」で、パニックの語源は、ギリシャ神話の半獣神〝パン〟からきていることを述べたが、語源が神話に由来しているせいか、パニックには何か神秘的な要素がまとわりついている。地震や噴火も恐いが、災害の時のパニックは、もっと恐いという人びとがいる。事実はどうなのだろうか。パニックは、なぜそんなに恐がられるのか。実際以上に、私たちはパニックを恐がっているのではないだろうか。想像上の怪物を恐れるのと同じ心理は働いていないだろうか。

映画やテレビドラマでは、高層ビル火災や海難事故、そして航空機事故などで、人びとが逃げまどう様子を、迫真の演技で描いている。いわゆるパニック映画を観に行きたいという人びとが大勢いるということは、パニックを恐れながらも、恐いもの見たさの心理が働いているのだろう。どこかで、〝他者のパニック〟を期待する気持ちが、私たちの心のなかにあるのかもしれない。

パニックとは、各個人が自分自身の安全を脅かす事態をさけようとして、他者の安全を無視して行う、非合理かつ無秩序な行動の集積である。このような集合行動が、〝パニック神話の世界〟では、凶暴で残忍なイメージとして表象される。社会心理学者のニール・スメルサーは、パニックを簡潔に定義して、ヒステリックな信念にもとづいた集団的な逃走行動だとしている。

パニックへの恐怖心を煽《あお》るのは、映画やマスコミだけではない。一部の災害科学の専門家や、防災行政の担当者でさえ、パニックの危険性を強調する。そして、時に、パニックをさけようとするあまり、危険の回避を遅らせ、そのために致命的な失態を招く場合さえある。

一九七七年の五月に、アメリカ・シンシナティ市の郊外で起こった、ビバリーヒルズ・サパークラブの火災の場合が、まさにそれであった。超満員のキャバレー・ルームでは、有名なエンターテイナーのディナーショーが開かれようとしていた。火災が発生したのは、まさにその時であった。火災発生の情報は、サパークラブの従業員からクラブ内に伝えられたが、伝えられたメッセージは、緊迫感の乏しいものだった。どこかの部屋のテーブルクロスでも燃えているような印象を与え、すぐにでも消し止められるだろうという期待感をいだかせるような内容だった。キャバレー・ルームの超満員の客は、相変わらず、リラックスして、ショーを楽しんでいた。

一人の従業員が、キャバレー・ルームの戸口に立って、火災が発生したことを、大声で知らせたのだ。だが、次いで、彼の口を突いてでた言葉は、「ボヤです。火元はここからだいぶ離れていますが、すぐに避難してください」という、なんとも矛盾した警告だった。

出演中のコメディアンが引き取って、

「ボヤですし、建物の反対側のコーナーの火事ですから、危険はありませんが、避難してください。火が消えましたら、またショーをつづけます」

従業員もコメディアンも、一三五〇人もの人びとが、混乱してパニックになるのを恐れたのだ。避難を指示する言葉が緊迫感を欠いていたために、観客の避難はゆっくりしたものであった。なかには座ったまま、カクテルを飲んだり、談笑している人びともかなりいたのである。

そうこうしているうちに、突如として、黒煙が、室内に噴きこんできたのである。そして、逃げ遅れた一六四人が死亡したのだ。パニックを恐れるあまり、危険の大きさを緩和して伝えたため、ことの重大さが伝わらず、そのために、多くの人びとの死傷をさけることができなかった。パニックを起こす危険のあるハードランディングをさけて、やんわりとソフトランディングをしようとしたのだが、その結果は、激突であった。まさにクラッシュしてしまったのだ。

パニックを恐れるあまり、大惨事を引き起こした事例である。

それでは、パニックとは何ものなのか。パニックには、大勢の人びとが密集した場所で起こる、ある種の秘儀のようなニュアンスがある。災害や事故が起こると、何か不可思議な、私たちの想像を超えた異常な事態が発生して、大混乱のなかで、多くの死傷者がでるというイメージなのである。それは正しいのか。

2．理解を超えた異常なできごととスケープゴートづくり

自分に何か落度があって、失敗や事故を起こした場合でも、その責任を別の人びとになすりつける、ということはよくあることだ。責任の転嫁である。会社でも、友人の間でも、家庭のなかでも、重大なものからほんのささいなものまで、責任転嫁には、さまざまなものがある。

さて、次のような場合を考えてみよう。自分には責任はないが、その事件なり事故なりの原因を明らかにし、どうにかして合理的な説明づけをしたいと思っているとしよう。つまり、実際に起こった重大な事象の原因を、なんとかつきとめて自分自身を納得させたいと、私たちが思っていると仮定するのだ。だが、実際には、どうしてもほんとうの原因がはっきりしない。そんな場合に、私たちはいったいどうするだろうか。原因がつかめないことでジリジリ、カリカリして、フラストレーションが強くなっていくだろう。そのうちに、長びく緊張状態に疲労困憊《こんぱい》して、無意識のうちに、合理的で確かな証拠ではないが、心理的にはなんとか得心がいき、私たちがもっている認知のゆがみ、すなわち、偏見に合致するようなかりの原因を見つけ出そうと、努力するようになる。そして、その当の原因とされた相手やものが、私たちがかけた嫌疑を、否定する力をもたず、私たちに攻撃を加えてきたり、強く反論したりすることがない時、

私たちは、独断的で傍若無人にふるまうことができる。すなわち、私たちが傷つく恐れがなく、ほかの人からも「なるほど、ありそうなことだ」と言われるような人びとやことがらが、さがし求められ、「これが犯人だ」と叫ぶことができる。そこで名指しされたもの、すなわち、スケープゴートとしての標的が、犠牲として神に捧げられた〝いけにえの山羊〟となるのだ。

特定の人びとが事故のスケープゴートにされたり、パニックが大事故のスケープゴートにされた場合について、次に述べることにしよう。

3．茶髪が犯人に

歩道橋の上で死者が一一人、重軽傷者が二四七人でるという異常な事故が、二〇〇一年七月の、兵庫県明石市の花火大会で起こった。花火大会は、七月二一日の午後七時四五分から八時三〇分までの四五分間の予定で行われた。会場近くのJRの朝霧駅と、明石海峡に面した大蔵海岸の会場とを結ぶ、長さ約一〇〇メートル、幅六メートルの歩道橋には、花火終了時刻の八時半頃から、帰途を急ぐ見物客と、花火は終わったが、夜店見物や、夏の海辺を散策しようとして会場へ向かう人びとが、激しい滞留現象を起こしていた。歩道橋は、大蔵海岸に下りる部分で直角に折れ、ここが群衆の滞留を招くボトルネックになったのだ。しかも、その先は、わずか三メートル幅の階段になっていた。

明石市が設置した専門家による事故調査委員会の報告書によると、午後八時四五分から五〇分にかけて、このボトルネックのあたりで、一平方メートルあたり一三人から一五人という超過密状態になり、当時、その場にいた人びとの胸部には、幅一メートルあたり四〇〇キログラムの圧力がかかったと推定されている。このような過密状態は、大人が立ったままで失神するほどすさまじいものだ。

歩道橋が階段に接続する直前の、ボトルネックにあたる部分や、この四八段の階段部分が、花火のよく見える絶好のロケーションであったため、立ち止まって花火をながめる大勢の人びとがいた。このために、そしてまた、階段の昇り口のあたりに多くの夜店が並び、人びとの流れがそこで、いっそう滞っていたことなどにより、混雑度は加速された。事故の起こった場所では、超過密のなかで、ほとんど両足が浮き上がった状態の群衆が、何かのきっかけで、「群衆ナダレ」を起こし、折り重なるようにして、まず六、七人が倒れ、次いで、三〇〇人から四〇〇人の人びとが、そのなかに巻きこまれた。死者一一人のうち、〇歳から九歳までの子供が九人、七一歳と七五歳の女性がそれぞれ一人ずつと、子供と老人が犠牲となった。死因は、ほとんどが胸部圧迫による窒息死であった。

この事故の最大の原因は、一五万人の人出を予想しながら、市と警備を統括した警備会社、それに警察が、事前に十分な警備計画をつくらず、ほとんど無制限に歩道橋に群衆を流入させたことにあった。警備サイドは、歩道橋の上で「群衆ナダレ」が起こることなど、想像できなかったのである。警察の関心が、ひたすら暴走族対策にあったというのでは、イマジネーションの欠如というほかない。明らかな人為ミスによる、大規模な死傷事故だったのである。

この事故に関連して、きわめて憂慮すべきことがある。それは、市側と警備を統括した警備会社が、事故のあとで口裏合わせをし、事故の原因をほかに転嫁しようとしたことである。まず、警備員を実際よりも一九人水増しして発表したことは、重大な問題だ。警備に万全を期したことをよそおったのだ。だが、それ以上に問題なのは、警察が暴走族対策に警備の主力を注いでいたことにつじつまをあわせるように、市と警備会社は、茶髪の若者が暴れたことが、事故の原因だったことにしようと談合した事実だ。茶髪の若者をスケープゴートにして、責任のがれをしようとした。そのシナリオにあわせてマスコミ発表を行ったが、これらの発表が偽りであったことが、その後の警察の調べで明らかになった。

警備を統括した株式会社ニシカンが発表した「事案報告書」には、次のような記載がある。「二〇時三〇分『橋上のお客様より警備員へ申告、歩道橋上若い男が暴れている。喧嘩をしている。怪我人が多数、人が倒れている等々』『歩道橋上にて、若い男子（茶髪）数名奇声をあげ、周りの待ち客を突き飛ばし、頭に乗り上げ歩道橋天井へよじ登り、機動隊へ罵声をあげており、周りの待ち客は悲鳴と混乱』」などと、マスコミ発表をしている。よくもまあ創作した

図６　明石歩道橋事故現場見取り図

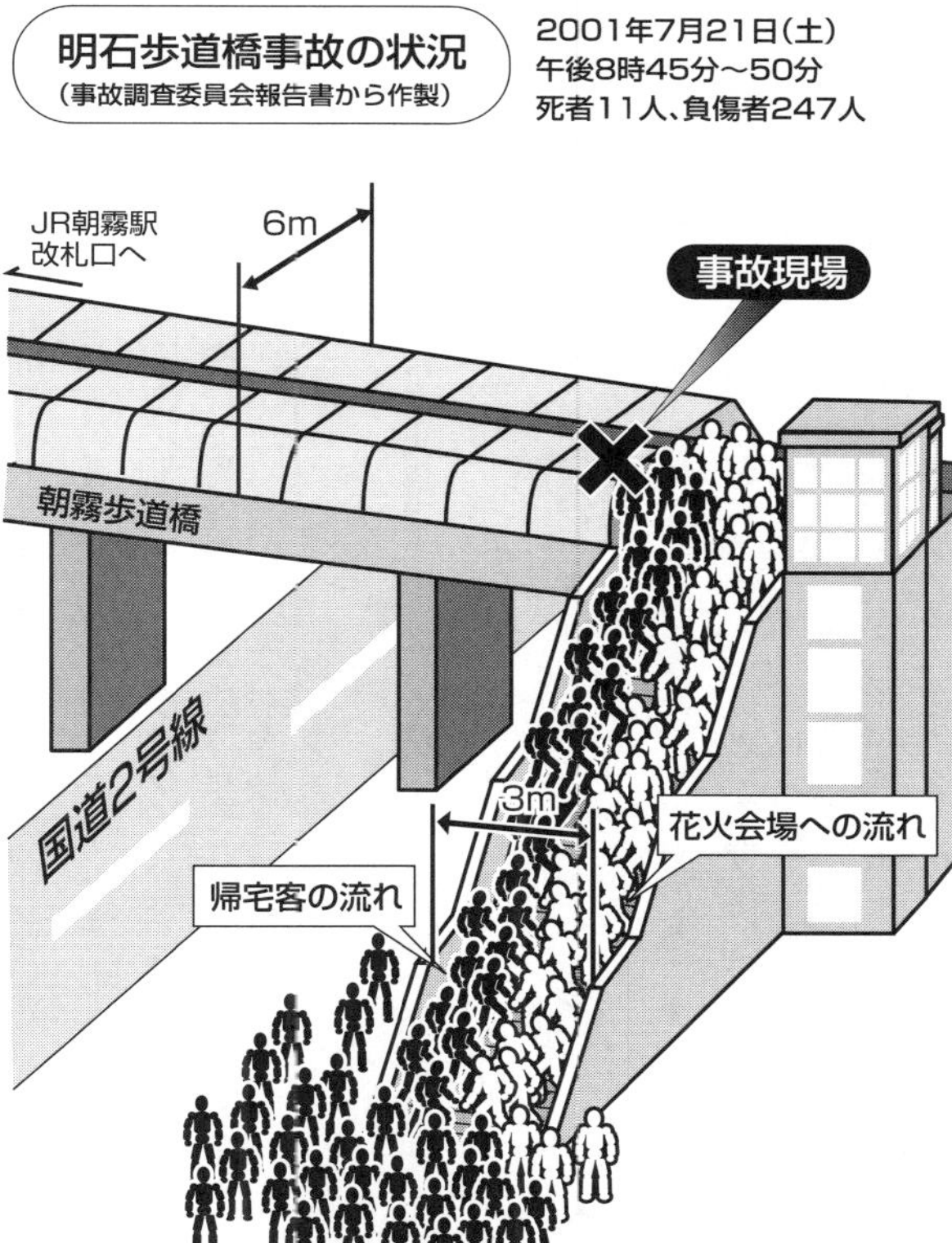

事故発生の要因

❶ 歩道橋の幅6mに対して階段の幅が3mしかなかった

❷ 歩道橋の端や階段で群衆が花火見物のため立ち止まり流れが止まった

❸ 夜店が並び、群衆が滞留して階段から下りるのを妨げた

ものである。テレビも新聞もこの発表を受けて、茶髪の犯人さがしを始めたのである。

警察の調査で、これらはまったくのデタラメであったことが明らかとなったが、あやうく、茶髪の若者が明石歩道橋事故の犯人としてスケープゴートにされるところだった。

油断がならないのは、市や、警備の責任を負ったそれなりの企業でさえも、失敗をごまかすためには平気で大ウソをつくということである。

4. ココナッツ・グローヴの大火災——〝犯人はパニック〟説の誕生

アメリカ最大の火災をめぐって展開された、パニック原因説の顚末《てんまつ》について語ることにしよう。

一九四二年一一月の、ある土曜日の夜のことだった。アメリカ・ボストン市の有名なナイトクラブ、ココナッツ・グローヴは、着かざった男女大勢の客であふれかえっていた。この夜、このクラブで五〇〇人近い人びとが死亡する大火災が発生したのだ。

発端は、一六歳のアルバイトで、ウェイターをしていた少年が、電球を取りつけようとして、手許を照らすためマッチを擦ったことだ。マッチの炎は、室内装飾としてしつらえられていたこのナイトクラブの名前の由来でもある、人工的な素材のココナッツの木に引火した。火はまたたくまに壁と天井を伝わって拡大していった。出火後、わずか二〇分間で、館内で四五〇人が死亡。病院へ搬入されたあとに、三八人が死亡。したがって、全体で四八八人が死亡したが、死因の多くは燃焼時に発生した有毒ガスによる中毒死であった。

誰が、そして何が、五〇〇人近い人びとを殺したのか。警察と消防、それにマスメディアが犯人さがしを始めた。

最初にあげられたのは、火災の直接の原因をつくった一六歳のウェイターであった。週末だけここでアルバイトをしていた高校生が犯人に名指しされたのである。

この少年の写真が、新聞の一面をかざった。だが、自分が火元であることをすすんで認めた彼の正直さと、病気の母親の介護とアルバイトに精をだす、成績優秀なこの高校生に対する同情の声が湧き上がり、この少年に対する非難は止み、犯人さがしは方向を変えて、新たな真犯人が求められた。

次に嫌疑がおよんだのは、このナイトクラブに営業許可をだしていた監督官庁、特に消防署に対してだった。火災が発生した日の一週間ほど前に、消防署はココナッツ・グローヴに査察を行って、防火施設に、問題はないと判定していたからだ。法律的には、ココナッツ・グローヴは、当時の消防法による防火基準をパスしていたのである。そこで、今度は、矛先がクラブのオーナーに向けられた。

このナイトクラブのオーナーがユダヤ人であったことなどから、その悪徳ぶりが非難された。

当夜も、座席数をかなり超過して客が入っていたことなどが問題となった。出火した午後一〇時頃、彼はクラブにはいなかった。安全管理は、彼の兄弟と部下にまかされていた。ところが、検察が起訴したのは、彼一人だけであった。クラブの現場責任者も、消防の査察官も、営業許可を与えた市役所の担当者も、刑事責任を問われることはなかったのである。彼は一九の訴因にもとづく殺人罪で有罪の判決を受け、刑が確定して刑務所に収監されたのである。だが、オーナーただ一人が五〇〇人近い人びとの死に責任をもつ犯人なのだろうか。このような疑問は誰の胸にもわだかまりを残した。

余談だが、同様なことは日本でも起こっている。一九八二年二月に、東京で、三三人の死者をだしたホテル・ニュージャパンの火災では、ホテルのオーナーの責任が、世論のきびしい批判を浴びた。彼は、消防署の再三の勧告と指示を無視して、徹底的に安全対策に手抜きをしていたのである。大惨事は、営利至上の経営体質が招いた、起こるべくして起こった事故と見ることができる。だが、彼が受けたのは、わずか禁固三年間の実刑判決であった。安全の軽視は、大事故の発生リスクを高めたが、それだけで大火災が発生するわけではない。ホテルのオーナー一人が三三人の死の責任を負うことができないことも事実だ。大事故や大災害は、自然環境、人為的な過失、偶然的要素などが複雑にからみあって発生する。原因の特定は難しい。そこにパニック原因説が介在する余地が生れてくる。

さて、社会心理学者のヴェルトフォートとリーの二人は、パニック神話の創成に最も深く関わった研究者として、記憶されるべき人びとである。彼らは、このココナッツ・グローヴの大火災の原因を検討したあとで、五〇〇人近い大量死は、クラブのオーナーやウェイター、消防署や市役所の職員など、個々別々の原因によるものではなく、パニックが原因であったと結論したのである。

だが、どうしてであろうか。よくよく考えてみると、犠牲者のなかに、有毒ガスによる死亡者が多かったというのは、犠牲者の多くが、パニックを起こす前に、運動機能を奪われて死亡していた可能性があるのではないか。ヴェルトフォートとリーの二人は、大火災の原因の〝足跡〟を追っていったが、結局のところ、途中でそれを見失ってしまったのだ。さまざまな原因を足しあわせても、その総和が、どうしても方程式の右辺の犠牲の大きさにつりあわない時に、左辺と右辺のバランスをとるために、左辺に加えられた要因がパニックということになる。パニックは、スケープゴートにされ、心の方程式が成り立つように、あとから加えられる想像上の原因であることが多いのだ。パニックに責任をなすりつけるのは安易である。

私は、パニックが存在しないと言うのではない。あとで述べるような、いくつかの条件がそろえば、パニックは確かに生じる可能性が高い。ただ、きちんとした検証を経たあとでなければ、パニックの有無を判断することはできない。

災害や事故を目のあたりにした時、深刻な結果と、軽微な原因とのギャップを何かで埋めたいという誘惑にかられる。だが、誘惑に負けてしまっては、災害や事故の重層的で複合的な構造に迫ることはできない。パニックという言葉のレッテルをむやみに貼ることは、事態を曖昧にし、問題を糊塗する恐れがあるので注意が肝心だ。

パニックが発生する時

1．パニック発生の四つの条件

パニックが起こる際には、次に述べる四つの条件のうちのほとんどが成り立っている。つまり、これから説明する四つの条件は、パニック発生のための必要条件と考えられる。

パニック発生の四条件について順次述べていくことにするが、ここで注意すべきことは、これらは、いずれも人びとの意識の状態と直接的に関わっているものであり、外部的な客観状況のありようとは、間接的な関わりしかもたないということである。すなわち、それがパニック発生の条件に関わることがらである場合には、現実には存在していないことがらであっても、その存在を主観的に確信してしまうと、パニック発生の条件をみたすことになる、ということだ。

まず、第一の条件は、緊迫した状況に置かれているという意識が、人びとの間に共有されていて、多くの人びとが、差し迫った脅威を感じている、ということである。

たとえば、火星人の襲来を多くの人びとがほんとうの事実だと信じた時には、どんなことが起こるだろうか。実際のパニックが発生することもありうる。第3章で述べたオーソン・ウェルズのラジオドラマは、それを事実と信じた人びとに混乱をもたらした。このドラマを聴いて、放送されたフィクションを事実と誤解した人びとのなかには、きわめて少数だがパニック状態になり、なかには人類と地球の滅亡を信じて、家族心中寸前のところまで追いつめられた人びともいたという。

戦争においては、パニックが頻繁に発生することが知られている。戦闘場面では、戦意というムードが重要な意味をもつ。高揚した戦意や、萎縮した戦意が、わずかなきっかけで、消長をくりかえすからである。ギリシャの詩人ホメロスのトロイア戦争の叙事詩『イーリアス』のなかでは、意気阻喪したギリシャ軍とトロイア軍の武人たちを、両軍のそれぞれに味方するオリンポスの神々が守り、フッと息を吹きかけることで勇気百倍にしたり、敵をおどしてパニックにおちいらせたりしている。

次は、戦場でのパニックの話である。

現在の静岡県の富士川河口付近で、一一八〇年の一〇月に戦われた平維盛《これもり》と源頼朝の富士川の合戦《かっせん》では、夜間に、源氏の一部隊が、平氏の背後にまわりこもうとして移動したところ、富士川の河口で羽を休めていた水鳥の大群がいっせいに飛び立ち、その羽音を、源氏の総攻撃と錯覚した平家の全軍は、総くずれとなって大潰走《かいそう》した。戦場では、つねに軍隊が移動するものだが、小部隊の移動を、総攻撃と早合点してパニックにおちいった事例である。

パニック発生の第二の条件は、危険をのがれる方法がある、と信じられることだ。もし、絶対に助からない、助かる見込みはない、と確信すれば、私たちは、逃走行動を放棄して、諦めと受容の姿勢でその危険をむかえ入れるか、背中を向けるのではなく、正面に向きをかえて、討ち死に覚悟の捨てばちな行動をとるかのどちらかだろう。このような時には、脱出口を求めて、先を争って逃げまどうパニックは起こらない。

潜航中に事故を起こして、浮上できなくなった潜水艦のなかでは、パニックは起こらない。脱出路がないからである。炭坑などの坑内事故、航空機や宇宙船の事故などでも同様である。脱出路がないことが、遭難者にも理解されるため、脱出を諦めてしまう。

高層ビル火災で、助かる見込みのない人びとが、高所から飛び降りをはかるのは、パニックによるものではないか、という疑問がでてくるであろう。だが、この場合に、高層階のガラスを割って飛び降りるのは、高熱で焼かれ、充満する煙で息苦しく、生理的にたえられなくなってやむなく行う〝死の飛びこみ〟であり、パニック行動ではない。

第三の条件は、脱出は可能だという思いはあるが、安全は、保証されていない、という強い不安感があることだ。たとえば、脱出路には、狭いなどの空間的な制約があったり、限られた間しか使用できないなど時間的に緊迫した条件などがあって、この脱出はフリーパスではなく、自分自身の安全な脱出は、現実には困難かもしれないという危惧を、多くの人びとが共有しているということである。

私は、大学のゼミの学生に、簡単な実験をやってみたことがある。その実験について簡単に説明しよう。やや広口の大きな球形のガラスビンのなかに直径が一センチほどの木製のビーズを入れる。このビーズを長い菜箸を使ってつまみ取り、手許の皿の上に置く作業をしてもらったのである。

はじめは全員に、五分間でいくつビーズを取り出せるか、一人ずつ正確に時間をはかりながらやってもらった。これを単独条件と呼ぶ。この単独条件を経験した全員に、次のような作業をしてもらった。まず、二人ずつでペアを組み、二人で同時にビーズの取り出し作業をすると説明し、全員を二つのグループに分けた。最初のグループに対しては、互いに協力して、五分間に、二人で取り出すビーズの総数がなるべく多くなるよう、できる限り努力してほしいと指示した。これを協力条件と呼ぶ。もうひとつのグループには、二人は互いにライバルで、五分間に、どちらがより多く取れるか競争してほしいと指示したのである。これを競争条件と呼ぶ。

実験の結果は予想どおりだった。二人が協調した協力条件では、一人あたりのビーズの数は、最初の単独条件で一人ひとりが取り出した数と、ほとんど変わらなかったのである。二人が、同時に箸をビンのなかに差し入れても、声を掛けあったりする共同作業が行われたので、取り出しはスムーズであった。ところが、競争条件の場合には、結果はまったくちがっていた。隣人は敵である。勝たなければならない相手である。一人がビーズをつまもうとするところへ、もう一人が強引に箸を差し入れて、作業の邪魔をしたり、互いの箸が接触して、ビーズを取り落とす場面が、頻繁に見られた。そして結局のところ、この競争条件では、一人ひとりが取り出したビーズの数の平均は、単独条件で取り出した数を、かなり下まわったのである。

危険が迫っているが、その危険をまぬかれる道はあると信じている人がいたとしよう。だが、もしここで、その人が、危険からの脱出には競争原理が働いて、早いもの勝ち、要領のよいものや力の強いものが有利だと考えたとしたら、どんなことが起こるだろうか。パニックが発生する危険が増すであろう。もし、あせらず、競争意識むき出しで先を争って出口に殺到するようなことがなければ、踏みつけパニックやスクラム状態でのアーチアクションなどを起こさず、スムーズに脱出できるかもしれないのに……。競争におくれをとることが破滅を意味するという状況の認識が、死傷者をだすパニックを誘発してしまう。

最後の第四の条件は、人びとの間で相互のコミュニケーションが、正常には成り立たなくなってしまうことである。狭い出口から、緊急に脱出しようとする人びとの間では、コミュニケーションが断たれていることが多い。前のほうで子供や老人が倒れていても、後ろのほうでは何が起こっているのか情報が伝わってこないために、人の流れが進まず、早く脱出したいというあせりから、前の人を、いっそう強く押す。転倒者の上にさらに転倒者が重なり、出口や通路は人の山でふさがれてしまう。このような場合に、適切なコミュニケーション手段を利用することで、全体状況の理解が可能になれば、脱出者の忍耐心に訴えて、混乱を抑えることができる。防災担当者や警備の責任者が心しておくべきことである。

2．パニックを防ぐには

災害や事故でパニックが発生する頻度は、実際には、私たちが恐れているほど多くはない。私たちは〝パニック神話〟にとらわれることなく、事実を冷静に見ることにしたい。

だが、まれにではあっても、パニックは起こる。できることならば、パニックは防止しなければならない。パニックによる死傷者をださないためには、すでに述べた四つの条件のうちの、いくつかが成り立たないようにすればよい。たとえば、実際以上に危険の切迫度を強調しすぎてはいけない。過度の危機感は、差し迫った脅威を強調して第一の条件を満たし、過剰反応としてのパニックを生みだす素因となる。ただ、逆に、パニックの発生を恐れるあまり、危険を過小に伝えたり、正しい状況把握のための情報をだししぶったり、また、これは最悪の場合であるが、避難のためのタイムリーな指示をださなかったりすると、これは、正常なコミュニケーションの欠落という第四の条件をつくり出すだけではなく、突然、危険に直面して人びとは動転し、正常な判断力をうしなって、パニックへの足場を築いてしまうことになる。すなわち、第一の条件である危険の切迫感を、さらに強めて意識させてしまうことになる。パニックを防止するためには、名医の処方と同じように、きちんとした判断力をもった専門家による、微妙なサジ加減が大事なのだ。

ホテルやデパートや劇場、駅などが、避難路や非常口をわかりやすく表示して、いつでも利用可能であることを、つねにアナウンスしていれば、第二と第三の条件が成り立つことを予防できる。また、防災訓練をきちんと行うことで、従業員が落ちついて、客に適切な情報を与え、正しく脱出路への誘導を行うことができれば、第四の条件を排除してパニックを未然に防ぐことができる。

アフリカの草原で群をつくって生きる草食動物や、珊瑚礁に棲息する小魚の群は、そのなかのひとつの個体が、突然、逃走行動を起こすと、驚愕《きょうがく》反応は群全体に伝わり、群がひとつの生命体のようになって、逃走行動を始める。自然界では、ひとつの個体の恐怖が群の全体に感染することがしばしばある。人間にも、同じことがあてはまる。危険をさける逃走行動は、もともとは、私たちの生命や安全を守るための行動である。切迫した危機感にかられた集団的な逃走行動は、群や種が生存していくための防衛行動であったはずだ。しかし、防衛行動が過剰になると、行動主体であるみずからを破滅させてしまうことがある。これがパニックである。すべての集団的な逃走行動がパニックではない。そのなかには、適切な集団行動も含まれているからだ。集団的逃走行動が、はたして適切であったかどうかの判定は、この行動によって回避された危険の大きさと、この行動をとったために受けた損害の大きさを比較して決まるのである。パニックが発生すると、この損得勘定の天秤は、大きくマイナスの方向へ振れる。

パニック恐怖症がもたらすもの

ほんとうに恐いのは、パニックそのものよりも、パニックに対する過度の恐れである。パニックはまれにしか起こらないが、パニック恐怖症は私たちの心のなかに常在していて、災害リスクに対処する際に、適切な判断力と合理的な意思決定の力を損なうからである。災害にパニックはつきものだという類のステレオタイプは、災害時の人間行動を理解するうえからも正しくない。

災害時に、脱出を求める集団的な逃走行動が見られたとしよう。だが、すでに述べてきたように、それだけの事実をもって、その集団行動を、パニックだと言うことはできない。災害社会学者のエンリコ・クワランテリは、パニックかそうでないかを判定する鍵は、そこで起こった行動が、事態に対する合理的な行動であったのか、それとも、非合理的な逃走行動であったのかという一点にあると考えている。かりに大勢の死者がでた災害であっても、犠牲者が合理的に判断した結果であるならば、そこで起こったことは、パニックではないと言うのだ。

災害時に、あるひとつの出口に向かって殺到する人びとの心理を、外部の観察者の側から推し量ることは難しい。災害後に、被災現場を訪れる観察者は、犠牲者がなぜほかの出口に行かずに、特定の出口だけに集中したのか、まったく理解できずに、この異常な状態をパニックのしわざにする。しかし、被災者たちが、その特定の出口の存在しか知らなかったとしたら、そこから脱出をはかるのは、ごく自然なことである。外部者の、状況証拠だけによる推理で、パニックの存否について断定するのは危険である。

ともあれ、パニックというセンセーショナルな言葉を濫用するのは間違いである。そして、パニックという言葉を用いて被害を説明しようとする時には、災害や事故の原因の究明を放棄して、防災上の失敗をごまかそうとする不純な動機があるのではないかと、まず疑ってみることが必要である。

第5章　生きのびるための条件

生きのびるとは

1．被災者とサバイバー

日本語には、英語のサバイバーに対応する言葉がない、と言ったのは、アメリカの精神科医のロバート・リフトンだ。リフトンは、広島で被爆した人びとへのインタヴューをまとめた著書のなかで、原爆後を生きのびたのだから、かりに放射線を浴びたことによる後遺症に苦しむことはあっても、彼らはサバイバーと呼ばれるべきだが、日本語では、彼らはあくまでヒバクシャ（被爆者）であり、生きのびたものを意味するサバイバーに相等する言葉でみずからを呼んだり、また他者から呼ばれることはない、と述べている。私たちの社会では、多くの死者をだした大災害でも大事故でも、生存者は、被災者であり被害者であって、サバイバーではないのである。このような被害感覚は、日本の文化とも深く関わっているのだろうが、〝生きのびた罪〟（デス・ギルト）を、災害を生きのびた人びとに、強く意識させる遠因ともなっているのではないか。

生存者を、災害を生きのびたサバイバーととらえるか、被災者ととらえるかのちがいは、あたかもグラスにビールが半分ほどになった時に、まだ半分もあると考えるか、もう半分しかないと考えるかのちがいにも似て、生存者の人生に、生きかたの上で大きな差異を生みだす。私の知人が、母親から聞かされた話として語ってくれたことを思い出す。その人の母親はセトモノ屋さんをやっていて、つねづねお茶わんというのは、ヒビが入ってからあとのほうが使われる期間が長いのだ、と言っていたという。災害に遭い、事故に遭っても割れずに、ヒビだけですんだことを喜ぶ心境になれたらよいと思う。そのようなたくましさこそ、サバイバーであることを誇る気持ちに通じるのではないか。

かつてアメリカに滞在中、西部劇の大スターのジョン・ウェインが、肺がんの手術を終えて、カリフォルニア大学ロサンゼルス校の附属病院から退院する時に、病院のホールに出迎えた人びとに向かって、指でVサインを送るのをテレビで見た。しばらくして、彼は亡くなっている。手術は完治を目的にしたものではなかったのだと思うが、長時間の手術にたえて、生還したことを素直に喜んでいたように見えた。病態が悪化したというニュースを知った頃、有名な女性のテレビキャスターのバーバラ・ウォルターズが、ジョン・ウェインの自宅を訪れ、彼にインタヴューするのをテレビで見た。私は、彼の死に対する客観的認識と、最後まで闘いを捨てない闘志に感銘を受けた。彼が見せたVサインは、そのあとにどのようなことが待ちうけていようとも、いまは困難を切り抜けた、という喜びを、ごく自然に表わしたものだという気がする。

災害で親や子供をうしなった場合には、生き残ったことを恥じる気持ちが強く、自分の替わりに親が死んだ、といった身替わり死の思いが強まる。自分の替わりに誰かが死ななければならなかったという思いや、あるいは、自分が死ねば、その替わりに誰かが助かった、という思いは、世界の災害の被災者に共通に見られる身替わり感情であるが、日本の被災者の場合には、特にそれが強く現われる傾向がある。災害による多くの死のなかで、自分が生き残ったのは不当なことだと感じる必要はないことを意識でき、率直に生きのびたことをよろこべる社会的風土がつくられないと、サバイバーの憂鬱は、トラウマとして長く尾を引くことになる。犠牲者の死を悼み、被災者の生還を心からよろこぶことのできる日本社会の〝気質〟をつくらなければならないだろう。被災者を、罪悪感から解放して、サバイバーとしてむかえ入れるために、彼らの心の重荷を降ろすことのできる社会的雰囲気を、積極的につくっていかなければならないのである。いかなる事情のもとでも、災害を生きのびた人びとは、まず自分自身を、サバイバーと感じられることが重要なのである。

2. 生き残った人びとの環境

災害の被災地を訪れて、驚くことがしばしばある。大地震に襲われて、満足に建っている家など一軒もないと思っていると、まったく瓦礫《がれき》の山となった家の隣に、ほとんど無傷の家が建っていたりするのである。阪神大震災では、震災直後に被災地をくまなく歩いたが、完全に破壊された建物と、建物の内部は家具などが散乱しているが外観はあたかも地震などなかったかのように立ち並んでいる建物群とが、パッチワークのようなまだら模様で分布していた。実に、不思議な思いをしたものである。災害には、どうも弱きを挫《くじ》くという性質があるようだ。

災害は、被災した人びとの生活環境を激変させるが、激変した環境に適応できる人びとと、適応できない人びとを、選別して分離する。阪神大震災を見ても、関連死を含めた死者全体の半数以上が六〇歳以上の人びとで、この震災は老人の災害という側面をもっている。震災後の経済的・社会的ストレスも老齢者ほど重いのである。ここで再び強調することになるが、災害のもたらすダメージは、すべての人に平等ではなく、不当にもきわめて偏ったかたちで配分されるのである。

阪神大震災が起こってから三週間ほど経った、雪の舞う寒い日のことだった。私は、神戸市内の避難所にあてられていた体育館に泊めてもらった。ふとん一枚が自分の居場所で、夜間でも、こうこうと蛍光灯がつき、騒々しくて、プライバシーは、もちろんなかった。風邪の流行期でもあって、一晩中咳きこむ人がいる一方で、ふとんの上にじっと座って何ごとかを思案しているふうの人もいる。だが夜が明けてくると、あちこちで目覚し時計の音が聞こえ、やがてワイシャツにネクタイ姿の人びとが出勤していく。そうかと思うと、昼間も、たたんだふとんに寄りかかってぼんやりしている若者たちもいる。破壊された事業や家屋の再建に着手している人がいる一方で、立ち直りの目処《めど》もつかない人がいる。すべてが打ち倒されるわけではなく、また、打ち倒されたように見える人びとのなかにも、再び起き上がる力のある人びとと、打ち倒されたままの人びとがいる。災害は、それらの人びとの層を、実にはっきりと分離・分解するのである。このような劇的な人間の分別が、災害後の環境のなかで、冷厳として起こっている。

どんな人が生きのびるか

1．年齢が災害時の生存を決定

災害や事故で、どの程度の身体的被害を受けるかを予測するための、最も予測力のある要因は、その人の年齢である。乳幼児や小児を除いて、若い人ほど被害の程度は軽く、また、回復力も強い。精神面へのダメージについてみると、死の侵入がもたらす精神生活への影響は、若者の場合には、年長者よりも大きくなる可能性がある。しかし、同時に、それをはねかえす柔軟性も大きいため、肉親の死などによって残酷で、消しがたい死の侵入の刻印を押されても、それに打ち克って生きることができる。

だが、年をとり、老齢化したサバイバーは、精神のうちに、残酷な体験を吸収するショックアブソーバーをうしなってしまっている。また、社会や身近な人びとからの物心両面の支援を得ることが、しだいに困難になるために、そして、死を振り切る生命の力をうしないつつあるために、絶望と孤独と心的な麻痺状態から、容易に回復することができない。若者は立ち上がり、災害を打ち捨てて、去っていくことができるが、年老いたサバイバーは、せっかく生きのびるチャンスを得ても、この精神への拷問を死の床までひきずっていかなければならない。

サバイバーにとって、年齢という要因がいかに重要であるかを示す事例を、一九九五年六月に、韓国のソウルで起こった、デパートの崩壊事故の生存者について見ることにしよう。この事故では、五〇一人が死亡したが、災害や事故の際の常識からして、生理的に生存可能な期間をかなりすぎて、無事に救出された三人の男女がいた。このような事故の場合には、飲み水も食べものもない悪条件のなかで、生き埋め状態になっているので、一週間生存できれば奇跡である。ところが、二〇歳のアルバイト大学生は一〇日ぶりに、一八歳の女性店員は一二日ぶりに、最後の一八歳の女性店員は一六日ぶりに救助されたのである。三人とも負傷し、脱水症状はあるものの元気で、冷たい飲みものや、アイスクリームが食べたいなどと、救出直後に語ったという。若さという生理的条件、つまり生命力が、災害や事故に遭った時の、主要な生存の決め手になることは疑う余地がない。

2. 富めるものが有利に

災害のもつもうひとつの過酷な側面について、述べなければならない。災害のもたらすダメージは、経済的に貧しい人びとにより重く、豊かな人びとに軽いという現実がある。これは、阪神大震災をはじめ、多くの災害について、実地調査を行ってきた私の実感でもある。災害に遭った時に、生き残るということに関しても、経済的な条件が深く関わっている。安全のための代価を支払った人びとの犠牲は、小さくなるというのが、現実の姿なのである。ここで言う軽重には、そもそも損害の量的な大きさが貧しい人びとで大きく、豊かな人びとで小さいという絶対的な意味あいと、量的には同じ損害でも、貧困層には重大で深刻だが、富裕層には軽微だという相対的な意味あいの、両方が含まれている。後者は、ある程度は自明なことかもしれないが、前者は、ショッキングなことではなかろうか。

私は、かつてネパールで、洪水後の復興状況の調査に参加したことがある。一人あたりのGDP（国内総生産）が、世界のなかで最も低くランクされるこの国でも、貧富の大きな格差がある。洪水による死亡者は、圧倒的に貧困層に多かったのである。洪水の危険地域に住まざるをえないという生活条件が、このちがいを生みだしていた。経済力のちがいが、災害の与える被害の大きさを決定していたのである。災害のもたらす後遺症についても、貧富の差は歴然としていた。富裕な農家は、洪水の被害からなんとか立ち直れたが、貧困な農家は一〇年も前の洪水の被害を、拡大してひきずっているのを目にした。被害が貧困を固定化し、増幅するという悪循環である。かりに同じ程度の被害を受けても、経済的な力の有無が、災害後の生活条件を決定づけ、格差を拡大していたのである。

災害に対する脆弱性《ぜいじゃくせい》は、直接的には防災意識や防災対策に依存しているが、より根本的には、それを支える経済の力によって決定されるところが大きい。阪神大震災で私たちが目撃したのは、倒壊した古いビルや老朽化した木造家屋とは対照的に、新しく建てられたビルや木造住宅の頑健さであった。直下型地震で、死者の多くが圧死によるものであったことを考えると、早朝の五時四六分に、どのような家で眠っていたかが、生死を分けたと言えるだろう。

経済状況が生死を分ける主要な鍵のひとつだという事情は、個人についてだけではなく、国や社会についてもあてはまる。たとえば、バングラディッシュでは、サイクロンのシーズンに、数万人規模の水害による死者をだしてきたが、災害に対する脆弱性がはるかに低い西ヨーロッパを同じ規模のサイクロンが襲ったとしても、被害は比較にならないほど小さいであろう。また、一九九三年九月には、インドのデカン高原の中央部にあるマハラシュトラ州のラトゥールで、マグニチュード六・二という中規模の地震が発生した。この場所での地震はきわめてまれで、地震に対する備えがなかったということも災いして、九七四八人が死亡した。日干しレンガや簡単な石づくりの貧しい小屋に住んでいた人びとが犠牲になった。あるアメリカの地震学者は、この地震が、地震対策が進んだロサンゼルスやサンフランシスコで起こったのであれば、死者はほとんどいなかっただろうと述べている。経済的に豊かな国や社会に生きる人びとは、経済的に貧困な国や社会に生きる人びとよりも、災害で生き残るための好条件にめぐまれている。災害において、富めるものが、生存のチャンスによりめぐまれるという事実は、災害による被害の不平等さを、特にきわだたせるものとなっている。

経済的状況が、災害の被害を決定することを実証する古典的な研究事例を、次に示すことにしよう。

一九五七年六月に、アメリカ合衆国ルイジアナ州のキャメロン郡を「オードリー」という名のハリケーンが襲った。災害社会学者のベイツらは、このハリケーンによる被害や影響を実態調査した。まず、人種別に死者・行方不明者を比べると、白人の死者は二一五人で、白人人口の四パーセントを占めていた。黒人は一九〇人で、黒人人口の三三パーセントに達していたという。人口比で見ると、黒人の死者・行方不明者の割合は、白人の八倍以上にもなる。このような人種による格差を生みだした原因として、ベイツらは、次の三つをあげている。

第一に、黒人の多くは海岸近くの低湿な沼沢地に住み、家のつくりが貧弱なため、多くの家が暴風雨によって破壊され、そのために多くの犠牲者がでた。第二に、避難するための自動車がないとか、避難に際して必要な手持ちの現金がないという理由で、ほとんどの黒人が、ハリケーンの危険を回避するための避難行動を行わなかったのである。そして第三に、教育程度の低さゆえに、災害警報が伝えられたにもかかわらず、その意味を理解できなかったという。

このハリケーンで、黒人人口の三分の一の死者・行方不明者をだしたキャメロン郡の黒人コミュニティは、災害後に解体してしまった。住む家をうしない、生活の再建の目処《めど》が立たない多くの黒人たちは、よその土地へ移っていったのである。ハリケーン「オードリー」のもたらした黒人コミュニティの崩壊は、人種的な相違そのものとは別のところに、つまり、人種的差別がもたらした経済的・社会的な格差に起因していたのである。この時代、アメリカ南部の諸州では人種差別がきびしく行われていて、黒人は白人に比べて経済的に貧しく、社会的な最下層に位置していたという事情が、このような悲劇を生みだした。貧困であることが、いかに個人や家族やコミュニティの災害に立ち向かう力を削ぐことになるかを、キャメロン郡の黒人コミュニティの崩壊は雄弁に物語っている。

3. 沈着で冷静な判断は生存率を高める

世界の海難史上で最大の死者をだしたのはタイタニック号の遭難であるが、二番目は、一九五四年九月の洞爺丸《とうやまる》台風（台風一五号）による海難事故である。当時、青森と北海道の函館の間を往復していた青函連絡船は、人や貨物だけでなく、船内の引きこみ線に列車も載せて運んだ。青函連絡船は、本州と北海道を結ぶ交通の大動脈であった。その最新鋭の花形であった洞爺丸と、ほかの連絡船四隻が沈み、一四四七人が死亡した。そのなかで最も大きな犠牲をだした洞爺丸は、乗員・乗客一三一四人のうち一一五五人が死亡している。洞爺丸に乗船していた人びとの死亡率は、八八パーセントであった。

遭難の四日後の、朝日新聞の朝刊には、函館中央病院で行われた乗客五人、乗組員五人の合計一〇人の生存者による、座談会が掲載されている。全員が浴衣《ゆかた》を着て、その上から丹前を羽織っている人もいる。九死に一生を得た直後にもかかわらず、全員が元気そうにくつろいだ写真も添えられている。そのなかの一人である押沢茂孝（当時五〇歳）は、函館市立柏野小学校の教頭で、洞爺丸の三等船室にいた。彼は次のように語っている。

「私は最後まで安心感があった。それは第一に船が座礁したことからこれは海岸が近いということも知った。第二に場所が自分の知っている七重浜（函館港内—引用者注）だということ第三にブイ（救命胴衣—引用者注）をつけるとき衣類を全部着てクツのヒモもしめ直し、こうした場合の十分な身支度をしたという自信があった。それに私は多少水泳の心得があったことも水に対する恐怖心を除いた」

混乱した船内で、彼は落ちついて、用意周到に来るべき生死を分けるその時への準備をしていたことがわかる。

この海難事故の原因をめぐって争われた、高等海難審判庁（海難事故の裁判所に相当）の第二審で、国鉄補佐人（刑事裁判における弁護人にあたる）は、押沢の沈着冷静ぶりを、高等海難審判庁の記録のなかで、次のように述べている。

「当時、前部三等客室におり、同船客全部が同室を脱出した後、一番最後に退去した船客小学校教官押沢茂孝氏は、各船客がわれ先に救命胴衣を身につけるような一大混乱状態にあったとき、一隅から、この状態を見ておって、最後に取り残されている救命胴衣を着用したという。その態度から推して最も落ちついていた御仁であったと思われ、したがって、同人の理事官（刑事裁判における検察官にあたる――引用者注）の質問に対する供述、および第一審廷に証人として出廷したときの証言は、横転沈没当時の模様に関し、最も真に近いものと思われるのである」

このように、海難審判の場でも、称讃されるほど、この小学校教頭の態度は落ちついており、判断は沈着そのものであった。彼は、それより以前に行われた第一審廷において、洞爺丸の船内の様子を証言している。

「救命具をつけて三〇分して、どしんというショックがあり、座礁したことがわかった。ショックを感じてから乗客が皆上がってしまって、最後に淵上（淵上満男、当時四九歳で、北海道学芸大学・函館分校―現在の北海道教育大学・函館校―の美術の助教授であった。彼については、後に述べる。淵上―引用者注）さんが上がり、私はまだ右舷の荷物を置くところに腰かけていたので、淵上さんが部屋の真中以上のところまで行った時、船が確か四五度くらい傾いたので、淵上さんが転ばされて右舷の腰掛のところにものすごい音をたててぶつかってきたのです。それで、怪我でもしたのかなと案じたのですが、淵上さんは、ものも言わずにまた起き上がったので、これはよかったと思ったのです。それを見送っていたとき、右舷の階段の方から水がきて、入ってきたなと思って見ているうちに、尻の方が冷たくなってきたのです。それで私も立ち上がりました」

この自信と沈着さに幸運がプラスされて、彼は生き残ることができたのである。この洞爺丸には、同様に、冷静な判断力で窮地《きゅうち》を脱した人びとがほかにもいたのである。次に紹介するのは、先ほど、名前をだした淵上満男の、あわてず動じない態度である。現在の日本に、押沢や淵上のような胆力のある人物がいるのか、と、もし問われたら、私はやや否定的な答をかえすことになると思うが、五〇年前には、そのような市井の人びとがいた。

生き残った人びとの体験を綴った『台風との斗い　青函連絡船遭難体験記録』に、洞爺丸のボーイ（客室乗務員）の一人が次のように語っている。船のスピーカーから「救命具を着けてください」というアナウンスがあったあとの、三等船室の様子である。

「私はスワコソという気で直ちにロッカーを開けてやりました。開けるや否や、お客さんは殺倒してそのブイを取るのです。すさまじかつた。もつとも死生の境ですから当然ですけれども、客の中で、ブイがないと叫ぶ者が出てきました。ブイはまだあちこちに充分あるのですが、既につけてしまつたお客さんは、誰もそれを教えてやることも、取つてやることもしません。自分のことで頭が一ぱいなのでせう。私はお客の間をくぐり抜けてブイを取つてやり、そうしているうちに全部つけ終りました。いや、一人だけつけない人がいました。そして盛んに文句を言うのです。連絡船に乗せて置いて今更なんだというのです。それが大声で口汚く私をのゝしつて止めません。私は処置なく黙つてその人の顔を見るばかりです。するとお客さんの中から一人『船に乗つたらボーイさんの言うことを黙つて聞け』と大喝一声した人がありました。それが権威あるものゝ如く立派な声色でした。その声で、その人はすご〳〵と救命ブイをつけました」

この大喝一声したのが、淵上満男助教授だったのである。淵上は、あとになって自分の体験を記した『洞爺丸遭難記』を出版している。洞爺丸は、右舷を海底にめりこませていた。水深は一〇メートルと浅かったので、左舷側の船舷部分が、わずかに海面にでていた。これが淵上にとっては、幸運だったのだ。ほぼ真上にガラスの破れた船窓があった。座礁した船が、しだいに傾きを増し、浸入してきた海水で背が立たなくなった時に、彼はどのようなふるまいをしたのか、体験記には、彼の沈着な姿がえがかれている。

「救命袋で首の上だけが水の上から出ていたのだ。そのままの状態で私は上を向いた。そしてあわい明るさを見たのである。その時たちまち私の思考力は、甦がえる。——窓だな。だが手を差しのばして窓をつかむには、まだ遠い。ここから動くなよ、そのうちに船が沈んで水嵩を増し、手がとどく様になるかもしれぬ。それまで、ここを動くなよ——そうすれば窓から外へ出られるかも知れないのだ。それからは、私はそこから動こうとはしなかった」

渕上は、船室をみたす海水とともにしだいに窓に近づき、そこから脱出したが、彼の近くで漂っていた人びとは、思い思いの方向へ流されていき、船から脱出することはできなかったのである。死を目前にしながらも、人間的尊厳を保ちながら生死の境を越えることができる。これは冷静な判断力と勇気のたまものと言えるだろう。

すでに一部分を紹介しているが、沈着な判断力が災害に出合った時の生存率を高めた例を、もうひとつ取りあげてみよう。最後の難関のシェラネヴァダ山中で遭難したダナー隊の物語については、第2章で詳しく説明した。そのダナー隊に加わった一一家族のうちの二つの家族は、全体では五割に近い死者をだした過酷な災難のなかで、一人の犠牲者をだすこともなく、カリフォルニアへ渡ることができた。そのうちの一家族が、ブリーン家であった。この家族は、夫

（五一歳）、妻（四〇歳）の夫妻と、七人の子供からなっていた。夫のパトリック・ブリーンは、この豪雪では、春になるまでは、山中から動くことは不可能という見通しのもとに、家畜をすべて殺して、肉を乾燥肉にしたり、雪のなかに保存して越冬に備えていたのである。ブリーン家は、最も豊かな食料の備蓄をもっていたのだ。ほかの家族は、家畜を生きたまま飼っていたため、迷い出た家畜が雪のなかで行方不明になるなどのために、貴重な食料をうしなう破目になった。ブリーン家は幸運にめぐまれていたことも事実だが、結局は、夫であり父親であるパトリック・ブリーンの冷静な判断力が、家族を救ったのだ。

4. 果断でタイムリーな意思決定と行動力が大切

大災害では、タイムリーな決定と行動が生死を分けるのである。災害の過程では、すべての事態は流動的である。それは戦争と一面で相通じるところがあるだろう。軍事戦略の天才であるアレキサンダー大王や、織田信長、ナポレオンなどの果断な行動力は、よく知られるところだ。戦略理論家のクラウゼヴィッツは『戦争論』のなかで、戦争は危険そのものであるから、軍人たるものに、まず必要なのは勇気であると述べたうえで、勇気は、知性に導かれて果断な行動にいたらなければならない、と説いている。災害を生きのびるためにも同じことが言えるだろう。

青函連絡船「大雪丸」の福井船長は、第二次世界大戦時には、宗谷海峡の連絡船の船長として、幾多の死線を越えてきた人物。その彼が、自著の『洞爺丸沈没32年目の真実』のなかで述べていることだが、危険を察知して俊敏に行動することの重要性を指摘している。

「多くの海難事故を見ていても、他人に先んじて行動を起こした者が命をひろっている場合が多い。一瞬を争う場面では、全員が動きだしたときはもう遅いのである」

生命に対する危険の大きさが、行動の適否を決める。危険が小さい場合には、何もしないで様子見をしていたほうが、あわてて何か大それたことをするよりも安全な場合がある。だが、洞爺丸の場合のように、九割の死者がでるような深刻な事態の場合には、話は別である。タイミングを十分にはかった果断な行動によって、低い生存確率を高めなければならない。そこで重要なのは、事態の危険性を客観的に評価するための知性と、危険度の評価から導かれた結論を、果断に実行するための勇気である。もし、果断な行動をとることによって、一〇分後には死ぬことになるかもしれないが、その行動がもたらす生存確率が、何もしない場合よりも二割アップして三割になるとしよう。何もしないでいれば、一時間は生きられるが、そのあとに生きられる確率は一割になってしまう。さて、どちらを選ぶだろうか。それは、たったいま、救命胴衣をつけて、洞爺丸の甲板から水深一〇メートル、暴風雨が吹き荒れ、高波が打ち寄せる海中へと身をおどらせることができるか否かの選択である。七重浜海岸へは、ほぼ六〇〇メートル。もし生存の確率を二割高めるためには、一〇分後に死ぬ危険をも冒さなければならない。その選択ができるかどうかなのである。大災害には、このような知的な果断さをもつもののみが生き残ることができる状況もあるのだ。

5．生存への意志が命を救う

強烈な役割意識や義務感、そして激しい愛情などが、生存への意志を高め、災害のなかで漂い去ろうとする命を、この世につなぎとめるよう働く。生きたいという希望と生きなければならないという信念は、生理的に免疫力を活性化し、致命的な状況のなかで、生命の灯をかきたて、生き残る力を与える働きがある。生存への強い希望をもつことで、生存のためのエネルギーを引き出すことができるのである。

まずひとつの事例を紹介しよう。アメリカのＡＰ（「アソシエイテッド・プレス」）が興味深い航空機事故の生存者の話を伝えている。二〇〇〇年の一月三〇日に、ケニア航空のエアバスＡ三一〇型機が、一七九人の乗員・乗客を乗せて、アフリカのコートジボアールのアビジャン市を飛び立ち、ナイジェリアのラゴスに向かった。だが、エアバス機は、離陸後数分して、大西洋上に墜落してしまったのである。そして、生きて救助されたのは、たったの一〇人だけで、生存率は六パーセントにすぎなかった。そのなかの一人に、ナイジェリア人の三三歳の男性がいた。彼は病院のベッドで記者の質問に答えて、自分が助かったのは、アクション映画の熱心なファンだったおかげだ、と語ったのである。

この人は泳ぎはまったくできなかったが、沈む機体から脱出して、かすり傷を負っただけで救命艇に救助されている。彼自身が助かったのは、映画の主人公のように、絶対に生き残れると信じつづけたからだという。生還した最大の理由は、なんといっても幸運にめぐまれたせいではあるが、それだけでもあるまい。映画のヒーローと自分自身を同一化して、どうしても生きたいという願望を、あのヒーローのように生きられるという確信に転換することができ、その結果として、過酷な状況にたえる力を引き出すことができたのだろう。

北山二葉（当時三三歳）は、一九四五年の八月六日に、広島の鶴見橋付近で原爆による被爆を受けた。爆心から一七〇〇メートルであった。彼女は重傷を負い、医師にも絶望を宣告されながら、幼い三人の子供への愛情から、命をとりとめ、そのあとも原爆症と闘い、何度も絶望の淵からの生還を果たしたのである。その体験を、彼女は、『原爆体験記』のなかで語っている。

北山は、勤労奉仕の作業場へ行く途中で被爆した。幼い子供たちは、田舎の親戚の家に疎開させていた。「母ちゃんは死にはしないよ。大丈夫よ」と自分をはげましながら、ひたすら走った。死体がころがり、奉仕隊の学生たちが「お母さん。お母さん」と泣き叫び、家々が燃える地獄のなかを。目が見えなくなり、死を覚悟していた時、偶然、姉に出会うことができた。彼女は意識をうしないながらも、「子供のところへ連れて帰って」と叫びつづけた。医師は移動は無理だと言ったが、姉は、同じ死ぬなら子供のところで死なせてやりたいと、彼女を担架のまま列車に乗せて親戚の家に、やっとたどりついた。その晩、疎開させていた子供たちが駆けつけてきた。

「お母ちゃん」と、とりすがる子供の声を聞いた時に、地獄から呼び返されたような気がした、と、彼女は書いている。泣きながらすがりついてくる、なつかしい子の匂いを嗅いだ。四日目に、夫が彼女のもとに帰ってきたが、傷らしい傷もない夫が、三日後には血を吐いて死んだ。「ああ哀れな子供たち。私は死んではならない。この子たちを孤児にすることができるものか」と、彼女は、夫の霊に祈った。彼女は死ぬわけにはいかなかった。生きたいと欲したのである。そして、そのとおりになった。そのあとも、医師に、幾度も絶望を宣告されたが、そのたびごとに生への執念で生き残った。

生きたいと強く希望することは、生き残りのための十分条件ではない。生きたいと強く願えば、かならず生き残れるというものではない。けれども、生きたいと欲し、けっして諦めないことは、生き残りのための必要条件である。そのような強い意志がないと、絶体絶命の状況から生還することは難しいだろう。

だが、生還者を待っているのは、いったいどのような世界なのだろう。次には、生還後の被災者について述べることにしよう。

サバイバーはどう生きるか

災害を生きのびたら、〝終わりよければすべてよし〟でハッピーエンド、というわけにはいかない。本章のはじめでも述べたように、一難去ってまた一難というのがほんとうのところだ。サバイバーは、生還を遂げたところから、また新たな選別を受ける。肉体も精神もボロボロになるほどの損傷を受け、しかも多くは生活の基盤もうしなっている。「災いを転じて福となす」ことができるのは、幸運な人びとである。そのような選ばれた人びとのほかに、選ばれない人びとがいる。

災害社会学者のカイ・エリクソンは、災害が人びとを結びつける社会的なつながりを破壊し、互いに何かを共有しているという意識を吹きとばしてしまうことを、集団的な外傷体験と呼んでいる。災害による破壊は、社会的な求心力を低下させていくために、社会は、いっそう流動化する。そこでの支配的な潮流は、弱肉強食のダーウィン的な自然選択の原理である。前節で述べた、生き残りのための条件をより有利なかたちでもった人びとが、容易に選別されるのである。彼らは、災害後の環境に適応して生きていくことができる。若者は、まず第一に選別されるので、災害の規模が大きい場合には、たとえば、世代交代が加速されることになる。

生き残っても、選別されない人びとは、いったいどうなるのだろうか。実際のところ、サバイバーとなったあとに真のサバイバーとなれない大勢の人びとがいる。彼らは、災害後の社会のなかで生きていくことができないのである。他者と共感し共鳴する心の核をうしなってしまうため、ほかの人びとと心を通わすことができない。心を通わすことができるのは、同じ経験、同じ苦しみと痛みを共有する人たちだけ、という場合が多い。広島や長崎の被爆者たち、阪神大震災やオウム真理教による地下鉄サリン・テロの被害者たちのなかにも、このような人びとが大勢いる。先ほどのカイ・エリクソンは、そのような境遇に置かれた人どうしの関係について、最も親しい友人でさえかなわないほどの深いつきあいをすると述べている。その理由は、生死を分ける共有体験をもつものだけが、共感的に通じあうことができるからだ。別の言いかたをすれば、それ以外の人びととは、目に見えない壁にはばまれて互いの交渉をもつことができないということである。選別されないサバイバーは、日々の生活のなかで、残された命のさらなる剝奪《はくだつ》を受けつづけているのである。

このような人びとをどのように支援し、災害後の生活を快適とは言わないまでも、よりたえやすいものにするためには、どうしたらよいか。サバイバーを支援する人びとや社会の動きが、最近活発である。次章ではこの問題を取りあげて、その現状と方途をさぐることにしよう。

第6章　災害現場で働く善意の力

災害には、二重の選抜過程があると、前章で述べた。二重選抜というのは、まず、生き残れるかどうかの選抜があり、次に、よりよく生き残れるかどうかの選抜があるということである。また前章で、災害後の社会は、ダーウィン的な弱肉強食の社会であるとも述べた。だが、ほんとうは、このような過酷な力だけが働くのではない。被災者を捜索し、救援し、支援して、力づける、自己犠牲と善意の力が働く場でもある。もちろん、すべての人がナイチンゲールではないし、マザー・テレサでもない。ふだんの生活では、身におよぶ危険を冒してまで、見ず知らずの人に救援の手を差しのべることはまれである。だが、災害時には、このようなまれな現象がかなり頻繁に起こる。

援助行動と愛他行動

援助行動というのは、私たちがごく普通に理解しているように、他者に必要な財物を与えたり、労働を提供したり、技術や知識を教えたり、精神的な支援をするといった行為の全体を意味している。そこには、見返りの利害がからむこともあるかもしれない。報酬を期待する気持ちがあるかもしれない。しかし、提供する側の意図はともかくとして、他者にとって助けとなる行為を、一応は、援助行動と考えるのである。

この援助行動の全体のなかで、特別な性格を帯びているのが愛他行動である。もちろん、愛他行動は、他者を援助する行動である。ただ特殊なのは、自己の利益をはかるためではなく、ただひたすら他者の利益のために援助するのが愛他行動である。ごく一般的に言えば、報酬を求めずに他者を利する行為、つまり、愛他行動とは善意にもとづく無私の援助行動のことなのである。

心理学者であり、また、経済学者であるハーバート・サイモンは、進化生物学的な視点から、愛他行動についての実証研究の結果をまとめている。そのまとめによれば、まことに当然のことだと思われるが、愛他行動は、それを行う者の利益には反するが、社会全体の利益を高める働きをする、と彼は言うのである。さらに、このノーベル経済学賞の受賞者は、愛他行動を行う個人個人の損失の総計が、社会全体が受ける利益を超えない限り、愛他行動は、社会の機能維持に貢献するというのだ。

つまり、個人的な負担が、総体として過重にならない限り、愛他行動は社会が存立していくうえで必要な要素であることになる。

また、最近の心理学的な研究によると、愛他行動をとらない人びとに対して、仲間からの追放など、なんらかの処罰が行われる場合には、愛他行動が促進されるという。たとえば、ムラ社会のような場で、誰かが、全体のために貢献する自己犠牲をともなう愛他行動を拒否した場合には、そのことがムラのすべての人びとにわかってしまい、その人物に対してムラからの制裁が行われるとすると、制裁への恐れが、愛他行動の発現を促すというのだ。日常の世界では、愛他行動の背後には何かしら義務感のようなものがある。

災害と援助行動

1．非常時規範のもとで愛他行動が活性化する

愛他行動は、自己犠牲をともなうので、日常生活のなかでは起こりにくい。愛他行動を奨励し、他人の愛他行動に〝ただ乗り〟をするものに罰を与える制度的な仕組みでもない限り、すすんで他人に対して、愛他的にふるまうことは難しいのである。だが、災害時には、この原則はあてはまらない。

災害直後の災害現場では、第1章で述べた災害後のユートピアの段階がある。多くの被災者が、運命共同体意識で結びあわされる。そのような場では、すでに第1章でも述べている非常時規範が人びとをとらえる。同じ災害に出合った人びとのうちで、被害の軽かった人びとが、大きな被害を受けた人びとを助ける。そして、災害の渦中でも、被災者の間に運命共同体意識があって、自分の身を危険にさらしてほかの被災者の救援活動に参加する人びとはめずらしく

ない。

たとえば、一九八三年五月に起こった日本海中部地震の時には、秋田県の男鹿市・加茂海岸で、遠足に来ていた小学生のうち、四三人が津波にさらわれて沖合に流された。この緊急事態に、近くにいた漁師たちは、くりかえしくりかえし襲ってくる津波のなかを、わが身の危険もかえりみずに、流された子供たちの救出活動を行っている。

災害や事故などの非常事態に直面して、目の前に、生命の危機にさらされている人がいて、その人を救うことができるのは、自分以外にないという場合には、非常時規範が働く。とっさに自分の身の危険を冒しても、他者を助けようという衝動が生まれる。なぜ、このような時に、非常時規範が発動されるのだろうか。その理由を、次に述べる事例からさぐってみることにしよう。

二〇〇一年の一月に、東京のJR新大久保駅で、ホームに転落した三七歳の男性を、二六歳の韓国人の留学生と、四七歳のカメラマンが線路に降りて救助しようとしたが、三人とも進入してきた山手線にはねられて死亡した。非常時規範の特徴は、緊急事態に遭遇した時に、なるべく大勢の人びとが生き残るために、相互の間の負担や、資源の共有化と平等化をはかるところにある。この行動形態は、私たち自身の認知・行動システムに内在し、プログラム化されていて、自分自身は災害や事故に巻きこまれていなくても、それを間近で見て、自分以外に救える人がいないような場合には、緊急作動して、「汝、この人を救うべし」と命じる。その結果、相手の危険を自己の犠牲によって補おうとする心的なメカニズムが動き出す。とっさの行動へと駆り立てる衝動的な力は強く、新大久保駅での場合のように、間近に接近してくる電車と逃げ場のないホーム下の線路という、自分たちの命を奪う危険のまっただなかに飛びこみ、死にものぐるいになって救助を試みることが起こるのである。彼らは、線路に転落した人の救助のために、身を挺して線路上に飛び降りたのである。

海や川で溺れた家族や友人、仲間を救おうとして、自分自身が溺死する事故があとをたたないが、これらの愛他行動も、非常時規範の枠内でとらえることができる。

さて、もうひとつの事例をつけ加えることにしよう。

一九八二年一月一三日、アメリカの首都ワシントン市でのできごとである。この日、ワシントン市は、豪雪の午後をむかえていた。雪のため閉鎖されていた空港の再開直後の午後四時頃、フロリダ航空九〇便は、ナショナル空港を離陸した。だが、機体への着氷のため高度がでず、ポトマック河のロシャンボー橋に接触して墜落した。乗員・乗客七四人が死亡。橋の上で難に遭った四人を加えて、全体で七八人が、この事故の犠牲となった。機体は尾部で切断され、救助のヘリが飛来した時には、機体の主要部分は水中に沈み、浮かんでいた尾部に、六人がつかまって、身を切るような氷の河のなかで救助を待っていた。

六人のうち五人が救助されたのだが、救助されることなく死亡した一人の男性については、救助ヘリのパイロットが、「彼のように、これほどまでに、自分を犠牲にした人を見たことがない」と語る、英雄的な人物であった。この中年の男性は、最初にヘリのパイロットが下ろした浮輪を近くの別の人にゆずり、ヘリが戻ってきて、再びこの男性に浮輪を下ろしたが、この時も別の女性にゆずり、自分自身は氷の浮いた冷たい水のなかで、浮かぶ機体につかまっていたという。そして、三度目にヘリがやって来た時には、もうこの男性は見つからなかったというのである。

この航空機事故については、もうひとつのエピソードがある。それは、当時のロナルド・レーガン大統領が、「ポトマック河で起きた恐ろしい悲劇のさなか、われわれは、最もすばらしいアメリカ国民の、英雄的な精神を目撃した」と称讃した事例である。

連邦議会予算局の職員、レアニー・スカトニックによる愛他行動だ。彼は、身を切るポトマック河に飛びこみ、二二歳の女性、プリシラ・ティアドを救助したのである。彼女は、ヘリが下ろした浮輪を一度はつかんだのだが、力尽きて離してしまった。もう数分間、救助が遅れて水のなかにいたら、心臓麻痺で死亡していただろうと、彼女を診察した医師は語っている。

社会的規範は、多くの同調者を得ていくことで、確固としたものになっていく。愛他行動を実践する人びとの存在自体が、周囲の人びととの間に愛他行動を促進する雰囲気をつくっていくのである。このように、モデルの存在がいわば模倣者を生みだし、全体的なムードをつくっていくという側面も見逃せない。

2．暗黙の指名効果

被災者が、救援者を指名して救助を依頼する場合には、愛他的な救援行動は、さらに起こりやすくなる。たとえば、「あなた、助けてください！」と直接的に呼びかけられる場合と、ただ「助けてください！」と、漠然としたかたちで叫んだ場合とでは、救援行動の起こりかたがちがう。

このあたりを説明するのによい事例がある。

バルト海は、北欧のスカンディナヴィア半島とヨーロッパ大陸によって囲まれた北ヨーロッパの〝地中海〟である。デンマーク、スウェーデン、フィンランド、ロシア、エストニア、ラトヴィア、リトアニア、ポーランド、ドイツといった実に多くの国ぐにが、この海の沿岸に位置している。このバルト海で、一九九四年の九月に、第二次世界大戦後のヨーロッパで最大規模の海難事故が発生した。エストニアのタリンからスウェーデンのストックホルムに向かう大型フェリー、「エストニア号」が、バルト海のほぼ中央で大しけのために沈没したのである。この事故で、八五二人が死亡している。

スウェーデン人のケント・ハールステットは、沈没しつつある「エストニア号」の甲板で、両足に怪我をして、心が動転している中年の女性から、じっと見つめられ指を差されて、「あなたが私を助けるのよ」と言われた。救助者として、いわば指名されたのである。この時、彼自身の体験を著した『死の海からの生還――エストニア号沈没、そして物語はつくられた』によると、そのまなざしと指名は、自分の命をかけて、この他人を守るべきか否かの、究極の決定を迫るほどの、迫力ある効果をもっていたという。救命胴衣を身につけていなかったこの女性に、ハールステットは、苦労して救命胴衣を手に入れ、つけさせてやったのである。おそらく、指名されて要求されなければ、大混乱の沈みつつある船上で、自分自身のことに忙殺されてこのような愛他行動に割くゆとりはなかったかもしれないのである。彼女のほうは、このような指名を行うことで、見ず知らずの他者からの愛他行動を受けて生還できたのである。

災害時の愛他行動には、これほど明示的ではないにしても、愛他的支援をする側に、指名されているという自覚のようなものがあり、それにともなう義務感のようなものが生まれる。それは、ハールステットから視線をそらさず、体をつかんで「助けてよ」と叫びつづけるこの中年女性の場合ほど直接的で執拗《しつよう》な指名効果ではないが、愛他行動を引き出すには十分な力をもっていることが多い。

八三年五月の、日本海中部地震で発生した津波に、沖合へとさらわれた小学生たちを目の前にした漁師たちは、この小学生たちが自分たちを名指しで、「助けてください」と、心のなかで頼んでいることを直感したであろうし、自分たちでなければ助けることができないことも自覚していたであろう。このように、被災者から〝指名されている〟という意識が、災害時には、生じやすくなる。もし、指名されているという意識がない場合には、私たちは冷淡な傍観者になってしまうだろう。そのような事例を、次に紹介することにしよう。

キティ・ジェノヴィーズという若い女性が、ニューヨークで暮らしていた。彼女が亡くなって二〇年目の命日に、カリフォルニアの州都サクラメントの新聞が、彼女の特集を組むくらいにその名は知られていた。私は、一九八四年の三月一三日に、カリフォルニア州が、その当時実施していた地震対策について調査する目的で同地に滞在していたが、「サクラメント・ビー」というローカル新聞で、その特集記事を読んでいる。この女性は、いわば衆人環視のなかで、誰一人救助に手を貸そうともしない状況下で、殺されたのである。

今日のアメリカなら、このような事件は日常的に起こっているだろうが、キティが殺害された一九六四年当時のアメリカは、米ソの冷戦下にはあったが、実際にリスク社会への扉を開ける契機となったベトナム戦争への本格的な介入以前の、古き善きアメリカが名残をとどめ、格段に安全な市民生活が保証されていた時期にあった。それゆえ、アメリカ社会の受けたショックは大きかった。具体的に述べよう。

一九六四年の三月一三日、午前三時すぎ、仕事を終えたキティは、アパートの駐車場に車を止め、車外にでた。変な男があとをつけてくるので、警察への非常通報用の電話ボックスへ向かったところを襲われ、刺されたのである。彼女は、「助けて！　刺された！」と叫んだ。アパートの住人は電灯をつけたり、窓を開けて様子を見たりしたので、犯人はすぐに現場を去った。住人たちは電灯を消し、窓を閉めた。傷を負った彼女が自分のアパートの方向へ歩きはじめたのを見て、犯人は戻ってきて、再び刺したのである。彼女は、助けを求めて絶叫した。前回と同じように、まわりのアパートの部屋の電灯がつき、窓が開いたが、彼女の助けを求める声を二度も聞きながら、誰も警察に電話をかけたり、助けに飛び出してきたりすることはなかった。犯人はまた逃走した。状況は前回と同じだった。彼女はまだ生きていた。這うようにして、自分のアパートの玄関口までもう一歩というところで、犯人はまたもや戻ってきて、三度目の攻撃をしたのである。彼女は、声をふりしぼって叫んだあとに絶命した。さすがに、この最後の声を聞いて、警察に電話をかける人が現われた。警官がやって来たが、すでにキティ・ジェノヴィーズは死亡していたのである。

このキティの助けを求める絶叫を聞いた人びとは三八人にものぼったという。これほど大勢の人びとが、なぜこのように冷淡な傍観者になりえたのか。社会心理学者のラタネとダーリィの二人は、この〝キティ見殺し〟を取りあげて、その理由を探索したのである。彼らは、二つの心理プロセスが働いた結果、人びとは傍観者になったのだ、という。その第一は、何が起こったか情報がなかったため、まわりを見まわして、ほかの人びとがどう動くか、動静をうかがいあうことになった。周囲の人びとの行動を見て、自分の行動を決めようとしたのである。しかし、誰も何もしないので、結局、自分もまた何もしなかったのだという。異常事態に気づいているほかの大勢の人びとが何もしないのは、おそらく大したことではないからだと考えて、こんな夜中に大声をあげて、はた迷惑なことだ、などと呟きながらベッドに戻ったのかもしれない。二人の心理学者は、これを社会的影響のプロセスと呼んでいる。

彼らの説明するもうひとつの心的過程のほうは、さらに説得力があるように見える。責任感の分散が、誰も何もしなかった理由だというのである。自分のまわりに、自分とまったく同じ状況にある大勢の他者がいることは、人びとにある心理効果をもたらした。大勢の人がいるのだから、自分が外に助けにでたり、警察に連絡したりしなくても、誰かがやってくれるはずだという他者依存の感情があった。その結果、誰も責任を負わない、全体として無責任な状態を生みだしたのである。この大勢の人びとがいることで責任意識が希薄化していく現象は、自分の周囲にいる人が大勢であればあるほど、ますます顕著になっていくというのだ。

災害時には、〝キティ見殺し〟のようなことが起こるのはまれだ。目の前で何が起こっているかは、きわめて明白で、そばにいる人びとが互いに相手の動静をうかがうことで、救援行動が抑制されることはない。責任の分散感覚もまた、起こらない。一刻を争って救助しなければならない時には、すでに述べた非常時規範が、〝指名意識〟を喚起するため、〝誰かがやるさ〟と責任を他人にゆだね、自分は責任から解放されるという状況は起こりにくい。救援者の体力や状況にもよるが、何らかの愛他行動が起こりやすくなる。

たとえば、若い男女が激しく争っている場にでくわしたとしよう。弱いほうに味方をするという社会規範に従ったものかと迷う一方で、だが、もし二人が夫婦であった場合には、俗に言う〝夫婦げんかは犬も食わない〟という社会規範もある、と思案する。かといって、放っておくとどちらかが怪我でもしかねないから、安全を考えて、仲裁するという社会規範に従ったほうがよいかもしれない、とも考える。これらの規範のうちのどれを採用すべきか、なかなか決断がつかない。私たちはジレンマを感じて、それを解決できないので、結局は、見て見ぬふりをして、何もしないということになる。非常時規範は緊急対応型の規範であるため、これが成立すると、多元的な規範の規定力は一時ストップして、非常時規範に一元化されるため、私たちは異なる規範によるジレンマに迷うことがなくなる。このことも、災害時に愛他的な支援行動が起こりやすくなる理由である。もしキティが、「ジョン、助けて!」「メアリー、助けてちょうだい」のように、救援者を指定した場合には、まったくちがった展開があり、彼女は助かっていたかもしれない。

ボランティア活動

1．阪神大震災のボランティア

阪神大震災のあった一九九五年は、日本のボランティア元年と言われる。私は、たまたま勤務先を一年間休むことができたので、かなり頻繁に神戸を訪れたが、被災者のために何か役に立つことをしたいとのぞむ善意のボランティアが、大震災の被災地を目指して日本全国から集まってきたのを見て、日本の社会の新しい変化に感銘を受けた。テレビなどのマスメディアやインターネットで、震災の惨状を知った高校生や大学生などの若者たちを中心に、さまざまな世代の男女が、地震で公共交通手段を奪われ、大きく破壊された被災地へ向けて、災害救援や土木工事の車両で大渋滞の道路の端を、スニーカーを履き、リュックを背負って、徒歩やバイクに乗って、いくすじかの灌漑《かんがい》用水路のなかの水流のように、ゆっくりと被災地へと注ぐ流れとなって移動するのを見ていた。地震発生後の三か月間のボランティアへの参加者は、延べ人数で一一七万人に達したと言われている。

大多数のボランティア参加者は、これまでボランティア活動をしたことがない人びとであったため、何をしたらよいか、泊まる場所はどこかなど、多少の混乱もあったし、ボランティア志願者と市役所や区役所、社会福祉協議会などとの行き違いや、ボランティアどうしのトラブルもあった。しかし、彼らの存在は、被災者にとっては大きな援助とはげましになり、また、当事者のボランティア参加者にとっては、自分自身に〝自己効力感〟をもつことができた。困っている他者に、自分も何かができるのだという自信をもつことができたのである。これは、ボランティア参加者にとっては、得るところの大きな経験となったはずである。一般のボランティアだけではなく、医師や看護師、学校の教員など特別な職能をもった多くの人びとも、率先してボランティアのうねりに加わった。臨床心理が専門の私の同僚なども、学生を引率して被災地の子供たちの心理ケアにあたった。

阪神大震災が、第二次世界大戦後における日本最大の災害だったということもあろうが、避難者がピーク時に三二万人にも達し、死者が震災関連死を含めて約六四三〇人にものぼる大災害の惨状を、テレビや新聞などのマスメディアが、連日、大きなスペースを使って全国に向けて報道したことも、人びとの愛他行動を喚起する大きな力となった。その意味で、マスメディアの果たした影響は大きかった。

私は、四半世紀にわたって災害調査を行ってきたが、私の災害経験史の最初の頃には、災害の現場でのボランティア行動は、ほとんどが炊出しなどの、ごく限られた直接的なボランティア活動であった。当時を思い起こしてみると、そのほかのものとしては、各地から寄せられた衣類や義援金などの提供が中心だった。そして被災者への具体的で、実質的な支援は、都道府県や市町村などの地方行政に、すべてゆだねられていたのである。

ところが、この一〇年ほどの間に状況が大きく変わった。ボランティア活動が、社会福祉のさまざまな分野で常態化するようになってきた。阪神大震災のボランティア活動の流れには、この社会意識の変化が大きく反映している。

2．被災者を支えるボランティア

私は、これまで災害現場で、被災者へのアンケート調査を行ってきた。阪神大震災の場合にも、一定の時間間隔を置いて、同じ場所でアンケート調査をくりかえした。大震災の一年半ほどあとに、神戸市最大の仮設住宅で、仮設住宅のすべての家庭を対象にしたアンケート調査を行った。その結果、次のようなことが明らかとなった。

九三パーセントの家庭で、自宅が全焼または全壊していた。四三パーセントの家庭が、七〇歳以上の老齢者のいる世帯だった。しかも全体の四七パーセントが、独り暮らしであった。五〇パーセントの家計支持者が失業中または無職だった。半数近い家族の年収は、二〇〇万円以下だった。また、震災後の不自由な生活のなかで健康を害した人がいる家庭が、三七パーセントもあった。老人の健康状態は、憂慮すべき状況にあって、高血圧、リウマチ、糖尿病など持病の悪化。そのほかに、がん、脳梗塞、心臓病、急性肺炎、自律神経失調症など、震災後にありとあらゆる種類の病気が、年齢的な面から言って病気に対する抵抗力の弱い老齢期の人びとを苦しめていた。仮設住宅には、老齢と孤独と貧困と病苦が同居していたのである。

また、多くの人びとが、災害後のストレス症状で苦しんでいた。アンケート用紙の自由記述欄には、さまざまな不安と恐れが語られていた。妻が仮設住宅内でのストレスで流産したという三二歳の男性。地震後一年にもなるのに、いまだに服を着て寝袋で寝ているという四一歳の女性。夫婦がお互いにイライラしどおしで、怒りっぽくなったと嘆く七二歳の男性。また、家が全壊した四九歳の男性は、「家の一部が壊れた友人とは、ものすごく違和感がある。友人のところへ行けば前と変わりなく生活しているが、自分は二五年間のものをすべてなくしたのだから……」と書いている。被害の不平等感もまた、被災者を苦しめているのだ。

広島で被爆して生き残った人びとのなかに、「もう一度ピカが落ちて、みなが同じようになればよい……」と語った人がいる。幸運にして生き残ることができても、被害の大きさがいちじるしくちがい、すべてをうしなった人びとと、ほとんどなんの損失もこうむることがなかった人びととの間の、この大きなギャップによる不平等感と不可解感とが、被災者を苦しめる。このギャップを意識することで引き起こされる精神的苦痛を和らげてくれたのが、ボランティアたちの活動である。

阪神大震災後のさまざまな困難とストレスに苦しむ被災者の心の支えになったのが、ボランティアによる家庭訪問や、生活相談、掃除、洗濯、炊事などのホームヘルプサービスであった。また、仮設住宅のなかに、兵庫県が設けて、被災者自治会やボランティア、それに県や神戸市が共同して運営した「ふれあいセンター」の活動もまた、災害後の被災者救援に大きな役割を果たした。大勢の人びとの善意に洗われて、被災者の心身はしだいに回復し癒されていったのである。もしボランティアの活動がなければ、阪神大震災の被災者の状況は、さらに悲惨なものとなっていただろう。現在、災害時におけるボランティア活動の重要性は、ますます高まっている。政治や行政は、人びとの善意を、ボランティア活動として汲み上げるシステムを、さらに充実させる必要がある。災害によって生じた人と人との亀裂を修復し、被災者がスムーズな回復をするために、ボランティア活動は欠くことのできない動力源であり、また潤滑油でもある。それは同時に、ボランティア参加者にとって、貴重な人間的成長の場でもある。

3．ボランティア・パワーの活用

これまでを振り返ると、災害により住民が避難する事態になると、地方自治体への負担は、たえられる限度を超えて大きなものとなっていた。特に個々の自治体職員の上に重くのしかかる責任と仕事量は、過重を通りこして、行政の麻痺を起こすまでになっていたのである。避難施設の確保からその維持、避難者への給食、衛生状態の保持から健康チェックまでを、市町村が主体となり、都道府県や国がバックアップするかたちで実施してきた。

ところが、阪神大震災のような大規模な災害になると、きわめて大勢の避難者を長期にわたって救護しなければならない。マンパワーは絶対的に不足する。その結果は、地方行政の力を大きく削ぎ、公共サーヴィスや災害復興を遅らせる原因ともなる。被災者への応急対策に忙殺される災害直後の時期は、同時に、行政側にとっては、災害復興の方向づけを決定しなければならない最も重要な段階にもあたっている。したがって、行政が、そのための業務に専念できる環境をつくり出すことは、災害後の将来を見通して、復興計画を立案するうえでどうしても必要となる。この危機状況を乗り切るためには、被災者の救援に、民間の善意を積極的に導入する必要がある。かつては、災害時のボランティア志願者を、行政側が足手まといだとばかりに、邪魔者あつかいをした時期もあった。だが、これからの被災者への救援には、ボランティアの力を積極的に活用して、その無限とも言うべき潜在力に頼らざるをえないのが実情である。

たとえば阪神大震災では、被災者の避難場所にあてられた公立学校、公民館、市役所などの施設の管理者は、そのまま避難所の管理・運営の責任者とされた。私は、当時、避難所にあてられた小・中学校の校舎に泊まりこんで避難者の世話をしていた何人かの校長や教頭に会ったが、彼らは、避難所の運営や避難者の世話に忙殺されて、本来の仕事である児童や生徒の面倒が見られないと話していた。非常事態であればなおさら、子供たちの心身の健康への配慮と教育が、ことさら大切な仕事となるはずである。それらを放棄してよいはずはない。

再三述べてきたように、将来の大規模な災害において、被災者への救援を、行政がすべて引き受けることは不可能である。政府や地方自治体は、責任能力のある災害救援のためのNGO（非政府組織）やNPO（社会的活動を目的とする非営利の民間組織）を、公的に資金助成することで積極的に育成すべきである。また、それらの組織が、企業や一般市民からの寄付金を集めやすくするために、税制の優遇措置を、さらに徹底して行うべきである。一九九八年には、NPO法（特定非営利活動促進法）が成立した。その後、この法律はたびたびの改正を経て現在にいたっている。だが、NPOがきちんとした財源を確保して、自立した活動を行っていくためには、NPO法のさらなる改正が必要である。

ともあれ、この法律の成立によって、NPO活動が法的に存在意義を認められて、日本社会のなかにきちんとした足場を得たことになる。各種のNPOの法人数は一万以上にも達し、医療、福祉、災害救援などの分野では、欠くことのできない役割を果たしている。社会学者の菅《すが》磨志保《ましほ》によると、東京都や神奈川県などは、すでに防災システムのなかにボランティア活動を組みこんでいるということであるし、阪神大震災を契機に、「全国災害救援ネットワーク」や「震災がつなぐ全国ネットワーク」のような、災害時の救援を目的とした全国的なボランティア団体のつながりができて、実際の災害時に、稼動しているという。

十分に資格があると認められるＮＧＯやＮＰＯに対しては、現在、地方行政が担っている被災者救援の仕事を、逐次、可能な限り権限とともに委譲すべきだろう。アメリカの赤十字や救世軍、メノナイト災害救援隊（ＭＤＳ）などのＮＧＯ・ＮＰＯは、災害時の避難所の設営や管理、被災者への給食、被災住宅の応急修理などを責任をもって行っている。これらの全米的な災害救援のＮＧＯ・ＮＰＯを核として、一九七〇年五月には、災害時活動全米ボランティア組織連盟（ＮＶＯＡＤ）が設立された。現在、この連盟への加盟ＮＧＯ・ＮＰＯは四〇ほどあって、連邦政府の連邦緊急事態管理庁（ＦＥＭＡ）との密接な連携のもとに、災害救援のため、ＮＧＯ・ＮＰＯ間の連絡・調整を行っている。西ヨーロッパでも、同様のＮＧＯ・ＮＰＯが災害救援に活躍している。

災害時には、日本の社会に遍在するこの民間のソフト・パワー、すなわち、善意のボランティアを積極的に活用すべきだろう。なかでも最も必要度の高いのが、経験を積み、よく組織され、機敏に活動できるボランティア集団である。医師や看護師、教師、カウンセラー、建築士、栄養士など職能や技能、専門知識をもったボランティア集団の必要度も高い。それらが、国や地方自治体の財政援助と、一般からの寄付金などを基盤に、恒常的なボランティア組織として、将来の災害に備えていく体制ができれば、被災者への恩恵ばかりでなく、社会福祉への貢献はきわめて大きなものとなる。そして、もちろん、ボランティア参加者が得る充実感や満足感も大きいはずである。

被災者救援のヒューマン・パワーは、社会的な強いしばりを受けない若者や熟年層のボランティア活動から汲み上げていくのがよいのではないか。

第7章　復活への道筋

社会の変動因としての災害

これまでは、災害と個人との関係を主要なテーマにしてきた。この章では、災害と社会との関係に焦点をあてて考えていくことにしたい。

ここで、個別の社会をいくつかイメージしてみよう。第二次世界大戦後の日本の社会はどうだろうか。これは誕生してから六〇年になろうとしている。イギリスからの独立宣言をしたあとのアメリカ社会は、二三〇年にはまだ足りない。ソ連は、一九一七年に成立して、一九九一年に崩壊しているので、ほぼ四分の三世紀つづいたことになる。また、江戸幕府についてみると、徳川家康が幕府を開いてから、徳川慶喜の大政奉還まで、二六五年の寿命であった。どのような社会も国家も、永遠に存続することはない。

人間社会は、緩急のちがいを別にすれば、一人ひとりの人間と同じように、絶えず変化して一瞬もとどまることがない。社会システムにこのような変化をもたらす要因を、内的なものと外的なものに分けることができる。内的な要因とは、社会システムそれ自体のライフサイクルに対応する各段階に備わっている、活力とも言える力である。この活力の伸長と隆盛と衰退は、社会システムの内的な潜在力によって強い影響を受けている。そのような潜在力を表わす指標としては、たとえば、経済力の拡大や政治的発展、社会的モティベーションの昂進、進取の気性や場合によると軍事力などがそれにあたる。きわめて抽象的な言いかただが、社会システムの活力は、社会システムの内的な潜在力を表わす諸指標の合力《ごうりょく》であり、社会変動を左右する重要な素因のひとつである。どのような社会システムも、歴史的に見れば、成長、成熟、衰退、崩壊のライフサイクルをたどる。社会がどの程度若く、柔軟で力強い活力をもっているか、すなわち活力を生みだす内的な潜在力がどの程度豊かであるかが、社会を内部から変革し、外部から加えられる破壊的な衝撃に抵抗できるか否かを決定するのである。

社会に変化をもたらすもうひとつの要因は、当該社会の外部から、必然的あるいは偶発的に、絶え間なくおよぼされるポジティヴまたはネガティヴなさまざまな力である。災害は、そのような変動因のひとつとして考えることができる。災害を、社会に衝撃を与え、社会変化をもたらす力としてとらえたうえで、被災した社会が、どのような経緯をたどって、どう変化していくか考えてみよう。

もし、社会や国民が旺盛な活力をもっていれば、戦争を含む広い意味での大災害に見舞われても、破壊から回復するだけではなく、廃墟のうえに、以前にも増した発展と繁栄を遂げることができる。第二次世界大戦後の日本やドイツがその例であるし、関東大震災後の東京も同じである。日本やドイツについては、いまさら、言葉を浪費するまでもないが、関東大震災後の東京については一言だけ述べておこう。一九二三年の関東大震災以前の東京は、政治や文化の中心ではあったが、経済や商業に関しては、大阪の実力は、東京とほぼ肩を並べていたのである。しかし、震災復興の過程で、東京の都市機能が格段に整備されたために、復興後の東京は、文字どおり日本における政治・経済・文化の中枢として発展することになった。この経緯の背後には、大東京という社会的システムの卓越した活力もさることながら、一極集中を国策として推し進めた、当時の日本政府の思惑が働いていたことは言うまでもない。ついでながら、今日の大都市・東京の骨格は、震災後の復興過程でその大枠がつくられたものだ。それから二二年後の第二次世界大戦末期には、東京は再び大空襲で壊滅したにもかかわらず、終戦後、見事に復興、発展した。これも同じような理由による。

社会の活力がそれほど強壮でもなく、さりとていまだ弱体になったと言うほどでもない状況下で、大災害に見舞われたら、いったいどのようなことが起こるだろうか。社会は、外見上は、災害から回復し、復興したように見えても、多くの場合、以前に担っていた都市機能や社会的機能を、復興に要する時間的損失のなかでうしなってしまう場合が少なくない。たとえば、阪神大震災では、神戸は見事に復興したように見えるが、内実はそうではない。日本を代表する港湾都市・神戸の、港湾機能は旧に復したが、荷揚げ量や積出し量は、震災前の水準には戻らないし、破壊された港湾機能が復旧するまでの間に、〝世界の神戸〟は、東京や大阪、韓国の釜山などに、その機能を吸収されてしまったのである。

災害科学者の柄谷友香によれば、震災で破壊された一五万棟の家屋の建て替えブームは、東京や大阪に本社のある大手住宅企業を潤したが、それは一〇年分の新規需要に相当したため、地元の建築業にとっては、新しい住宅の需要が見込めないというきびしい状況をもたらしたという。また、柄谷は、震災後、神戸の人口動態から見て、神戸が市外の人びとをひきつける魅力をうしないつつあるのではないかと危惧している。

同じようなことは、一九〇六年四月の、サンフランシスコ大地震の際にも起こっている。当時、サンフランシスコは、アメリカ西海岸の最大の都市で、カリフォルニアの政治・経済・文化の中心であった。しかし、マグニチュード八・三という巨大地震により、この都市の機能が破壊され、それまで果たしてきた政治・経済における中心的な役割を果たせなくなってしまった結果、カリフォルニアの中心は南下し、ロサンゼルスへと移っていった。サンフランシスコは、災害からの回復はしたが、災害の後遺症に、長い間苦しんだのである。

ところで、社会システムの活力が乏しく、貧困であったり、支配層が固定化したり老齢化したりして、内外からの支援や、新たなエネルギーを吸収できない社会システムは、外部からの災害の衝撃によって、簡単に解体し瓦解することがある。社会システムの活力が枯渇している状況のもとで、大災害に遭遇すると、社会や国家体制は、それを契機に衰亡への道をたどることになりかねない。第5章で述べたハリケーン「オードリー」に襲われたルイジアナ州キャメロン郡の黒人のコミュニティのように、社会システムの活力が減退している場合には、コミュニティ自体が完全に壊滅する場合がある。また、一九七二年一二月の、中米ニカラグアの首都マナグアで起こったマグニチュード六・二の直下型地震では、五〇〇〇人もの死者をだし、三〇万人が住む家をうしなった。この地震で、さらに疲弊した国民は、反政府の姿勢を鮮明にして、サンディニスタ民族解放戦線のゲリラ活動への支援をますます強めるようになった。その結果、左翼勢力は、独裁者として、長年にわたって君臨していたアナスタシオ・ソモサ・デバイレ将軍とその一族を追放して、革命政権を樹立したのである。ニカラグアにおける社会主義政権成立の直接的原因は、この震災であったと言われている。

社会の活力が横溢《おういつ》していれば、災害に見舞われても、損失を乗り越え、「災いを転じて福となす」とばかりに、むしろ古いものと新しいものの入れ替わりの新陳代謝を促す好機として利用することもできる。だが、社会システムに、革新的なモティベーションや新しいリーダーシップの力が乏しく、活力にかげりが見えはじめると、災害の被害を受けたあとに、その痕跡を長い間にわたってひきずらなくてはならない。つまり、災害を境にして〝昔日の面影いまいずこ〟という状態になりかねないのである。そして、さらに、社会システムの活力が衰えてくると、災害は、社会システムの命運を決めるような重大な働きをすることがある。

被災社会が外部支援を引き出す条件

災害によって被災した社会システムの外側に、それを囲む環境社会システムを考えてみよう。環境社会システムからの積極的な災害支援や援助がなければ、被災社会システムが単独で被災者の捜索や救援を行うことさえ難しく、その先の復興を独自の力で行うことは、さらに困難である。したがって、被災社会システムがどのような道筋をたどって災害後を経過していくか、その行方は、環境社会システムの性格や特徴に規定されるところが大きい。特に財力やマンパワーなどに、救援と援助をするに足る十分な余剰能力があることが、災害復興のための重要な条件となる。災害で被災した社会は、上位システムである環境社会システムに対して、救援や援助を要請する。もし被災社会システムが、災害から立ち直り、十分な復興を果たすに足る援助を環境社会システムから得ることができれば、少なくとも外観上の復興はスムーズに進行するはずである。

たとえば、一九六三年の七月に、旧ユーゴスラヴィアのスコピエ市（現在、マケドニアの首都）を地震が襲い、一一〇〇人余の死者がでた。政府の推定では、このまちの復興には、少なく見積もっても、国家予算の一〇パーセントが必要であることがわかったのである。しかし、環境社会システムとしてのユーゴスラヴィアは、被災社会システムであるスコピエ市を十分に援助するだけの資力をもちあわせていなかった。このため、災害復興は進まず、スコピエ市はますます深刻な災害脆弱性《ぜいじやくせい》をかかえこみ、将来のあらゆる災害に対する不安を残すことになったのである。

スコピエ市と対照的であったのは、一九六四年の三月に起こったアラスカ地震で大きな被害を受けたアラスカ州のシュワード市である。地震は、アラスカ州の最大の都市であるアンカレッジ近くを震源とする、マグニチュード八・五という巨大地震であり、アンカレッジの外港として、真冬でも凍らない不凍港をもつシュワード市は、鉄道やハイウェイの起点として交通の要《かなめ》の位置にあった。そのため、この市は、アラスカ全州への貨物の搬入・搬出港として、アラスカ経済を支えるひとつの中心の地位を占めていたのである。地震による地盤崩壊で、港湾施設は完全な機能不全におちいり、石油貯蔵タンクが破壊されて、漏れ出たオイルに引火した火は大火災となって、この市を焼きつくした。そして、大津波が襲ったのである。シュワード市は壊滅した。

スコピエ市の場合とはちがって、連邦政府と州政府、そして民間からの厖大《ぼうだい》な援助資金が投入されて、シュワード市は急速に復興した。ただ問題が生じたのである。災害後に、それまで同市が果たしてきた役割に変化が生じた。神戸の場合と同様に、外見上は復興したが、実質的な機能の回復は達成されることがなかった。災害が企業の施設や工場を破壊すると、この破壊は、企業にとって新施設をどこにつくるのが最適かを選択するまたとないチャンスを与える。アラスカ地震は、シュワード市の企業に、ほかの条件のよい地域への転出のチャンスを与え、破壊された施設の放棄と、そこからの撤退を可能にした。企業効率を高めるための施設の新鋭化と再配置の実現を容易にしたのである。シュワード市について言えば、スタンダード・オイルやテキサコといった大手の石油企業が、アンカレッジ港の機能拡張に誘引されて去っていったし、神戸について言えば、神戸製鋼所や川崎製鐵などが破壊された神戸工場を放棄したのである。

災害復興に影響をおよぼす要因の連関

災害からの復興を左右する三つの要因がある。災害の規模、被災社会システムの活力、環境社会システムから投下される人的・物的な援助量である。それらの関係が図7に示されている。この図を用いて、災害復興に影響する要因の連関について説明しよう。図の①から④までの記号は、三つの要因から災害復興におよぼされる影響力のルートを表わしている。

災害の規模が大きくなればなるほど、復興過程は遅れる。そのことを図で見ると、ルート①

からはマイナスの影響力が災害復興に対しておよぼされる、ということになる。しかし同時に、災害の規模が大きければ、環境社会システムからの援助量も大きくなる。そして、援助量が大きければ大きいほど、復興は促進されるので、ルート③は、復興へのプラスの影響力を伝えることになる。災害規模からの直接的影響力と間接的影響力とが、それぞれマイナスとプラスの逆の矛盾した影響力をもつことは、このあとの説明のなかで重要な意味をもつ。

被災社会システムの活力についても、②の直接的な影響力のルートと、援助量をなかだちにした④の間接的な影響力のルートがある。ルート②は、被災社会システムの活力が大きければ、独自の力や自前の人的・物的な資源を利用して、復興過程をすみやかに進めることができるため、このルートはプラスの影響力を伝えている。また、ルート④は、次に述べるような影響力を伝達している。活力の大きな被災社会システムほど、環境社会システムにとっての重要度が大きい。したがって、このような社会システムが被災した場合には、環境社会システムからの復興促進の人的・物的な資源の配分は最優先される。つまり援助量が大きく積み増しされるのである。そして、援助量が増せば増すほど、災害復興の進行は加速される。

さて、被災社会システムが復興できるかどうかは、ルート①から④までの影響力の総和によって決まるというのが、ここでの結論である。総和がプラスであれば、復興は可能であるが、マイナスであれば、復興はおぼつかないということになる。

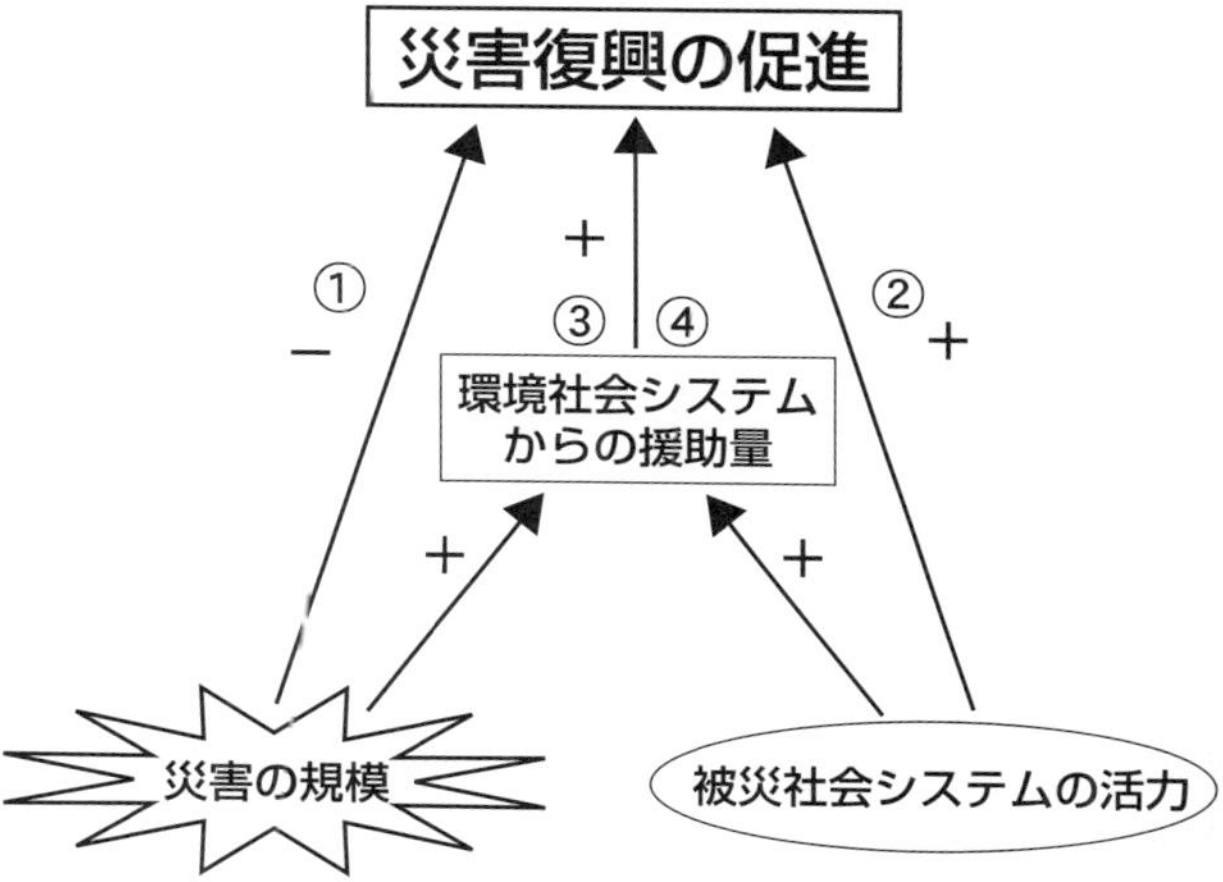

図7　災害復興の仕組み

大規模な災害が起こったとしよう。この災害は、大きな被害をもたらすことで、ルート①を通じて復興を妨げる大きなマイナスの力をおよぼすはずである。その一方で、ルート③からは、復興を促進する力が働くが、③からの力は①からの力に比べて弱いため、単純に、大きな災害を受けたという理由だけで、環境社会システムから誘引できる援助量は、災害復興を果たすのにけっして十分ではないだろう。ルート①とルート③の力の和は、通常の場合には、マイナスになる。

しかし、もし、被災社会システムが活力をもっていれば、ルート②と、ルート④からのプラスの影響力が、さらに加わる結果、災害規模がもたらすマイナスの影響力、すなわち、ルート①とルート③との和のマイナス分を帳消しにして、全体的には、総和はプラスに転じるだろう。そうなれば、災害復興が可能となる。しかし、もし、被災社会システムの活力が弱い場合には、ルート②と、ルート④からの影響力は弱いため、災害がもたらすマイナスの影響力を打ち消すことができないかもしれない。この場合には、災害からの復興はできないことになる。

社会システムの機能の変化

1．ハリファックス港の爆発事故からわかったこと

カナダの東海岸にあるハリファックスは、ノヴァスコシア州の州都である。この港湾都市は、第一次世界大戦で、ドイツ・オーストリア軍と戦うイギリス・フランスなど連合国軍への、北アメリカで最大の軍需物資の補給基地であった。

一九一七年の一二月六日、午前八時すぎのことであった。フランスの弾薬輸送船モンブラン号とベルギーの輸送船イモ号が、操船ミスと相互にかわした信号の誤解によって衝突して、モンブラン号の積荷であったベンゾールが流れ出して引火した。船は火に包まれたので、船長はじめ乗組員は船を沈めて鎮火し、弾薬類の爆発を防ごうとしたが失敗した。午前九時頃、モン

ブラン号の大量の弾薬が大爆発を起こしたのである。この大爆発は、港のいたるところに貯蔵されていた弾薬や火薬類の誘爆をもたらした。これら一連の大爆発は、TNT火薬にして八〇〇万トンを超える大規模なもので、ハリファックスの中心部の五平方キロを完全に破壊しつくしたのである。死者は一五〇〇人、そのなかには、爆発現場近くの学校の生徒一九七人も含まれていた。重軽傷者は二万人にのぼった。

この爆発災害は、ハリファックス市を激変させた。社会学者のサミュエル・プリンスは、この爆発事故の影響を調査して、アメリカのコロンビア大学へ「カタストロフィと社会変化」という博士論文を提出した。災害がもたらす社会的影響についての実証的な研究は、このプリンスの論文にまでさかのぼることができる。彼の結論は、この爆発事故によって、ハリファックス市は社会的にも激変し、応急復興に要した二、三年の間における変化だけでも、通常の場合なら一世代かかっても達成できないほど大きなものであったという。大災害は社会的な変化を加速するというのが、プリンスの結論であった。これを別の言いかたで表現すると、災害社会学者のユージン・ハースたちの述べているように、災害のもたらす社会的な影響の本質は社会変化の先取りであり、「急速に成長しつつあるコミュニティは、被災しても急速に復興するが、変化せず停滞しているか、下り坂にあるコミュニティは、被災後にきわめてゆっくりと復旧するか、急激に衰えていく」ということになる。これは先に述べた、被災社会システムの活力の大きさが、復興できるか、それとも衰亡への道をたどるかを決める主要因の一つだ、ということに対応している。

2．災害は被災社会の効率化をもたらす

一九七七年の八月に北海道の洞爺湖《とうやこ》温泉街を見おろす有珠山《うすざん》が大噴火した。最も大きな被害を受けたのは、当時、北海道観光の中心のひとつであった洞爺湖温泉であった。直ちに、被災地は「激甚災害地」に指定され、国や道からは復旧工事に対する大幅な補助金が支出された。また、天災融資法などの法律にもとづいて、観光業者や中小企業の経営者には、手形決済の停止や銀行からの資金融資が行われた。国や道など環境社会システムからの援助を受けて、洞爺湖温泉は急速に立ち直っていったのである。

災害復興を、インフラなどの外形的な復旧や更新などに限定してしまうと、災害復興を単純化しすぎる危険がある。洞爺湖温泉の場合も事情は同じだ。八月初旬のまさに北海道観光のピーク時に噴火が発生して、一か月余りもの間、すべてのホテルや旅館は営業活動を停止した。噴火した年のホテル・旅館の利用客数（宿泊を含めた施設の利用客、入りこみ客数という）は、噴火の前年の、三分の二にも達していない。これは噴火をした年であるので、当然とも言える大幅な減少である。しかし、そののちの推移を見ると、噴火を契機にして観光客は減り、長い期

間、噴火前のレベルに回復することはなかった。

有珠山は二〇〇〇年三月にも噴火をしている。前回の噴火と同じように、洞爺湖温泉の観光客は激減した。だが、二〇〇〇年の噴火は、七七年の噴火に比べて規模が小さかったということもあって、噴火の翌年から観光客は戻り、現在では、四半世紀前の七七年八月の噴火以前のレベルを超えるまでになった。

いま思い起こしてみても、七七年の噴火直後の状況はきびしかった。私は、七七年の噴火から五年間、洞爺湖温泉の復興をモニターしつづけたが、観光業者間の熾烈な生存競争が展開されて、大手のホテルが中小の旅館を淘汰していく様子を目のあたりにしている。温泉業界のリストラが行われたのだ。噴火後に廃業に追いこまれた多くの旅館があり、洞爺湖温泉の観光業の寡占化が急速に進んだ。このような現象も、是非を別とすれば、観光産業の効率化であることは間違いない。

大災害は、それまでの社会システムの欠陥をクローズアップして見せることで、いわば変動期型の社会をつくり出す。別の言いかたをすれば、歴史の歯車を一回転前進させることで、移行期の社会を醸成すると言ってもよいだろう。その際のキーワードが社会システムの効率化である。この現象は、具体的には合理化というかたちで現われる。阪神大震災後の神戸では、「神戸ブランド」のありがたみが薄らいできたと言われる。震災前には、食品から衣料品まで、

「神戸」という名前がつくと高級感があった。しかし、復興の過程でほかの地域から入ってきた食品や衣料品などの価格や品質が、客観的かつ合理的に評価された結果、神戸ブランドの威光が弱まったのだと言う。

被災した社会システムは、災害後の事態に適応するために、機能面での合理化・効率化を進める。その過程で、古くて非効率的な部分は切り捨てられるか、統合して再生させられる。思い切ったスクラップ・アンド・ビルドは、平常時にはさまざまな抵抗にあって徹底を欠くが、緊急の事態のもとでは、断行が容易になる。このような思い切った動きの結果、社会システムの改変が起こるのである。

3．歴史の教訓——〈リスボン大地震〉〈大疫病——ペスト〉〈ロンドン大火〉〈二〇〇三年ニューヨークの大停電〉

歴史に残る大災害がどのように社会的な影響をもたらしたかを見ておくことは、災害がもたらす影響の典型を知るうえで有益である。ここでは、種類の異なる三つの歴史上よく知られた災害の事例を取りあげる。また、災害は時代を映す鏡でもある。新しいタイプの災害を知ることとは、現代社会を知ることである。最近起こったホットな災害を取りあげて、そこから見えてくるものについても考えてみよう。

リスボン大地震

一七五五年の一一月一日。ポルトガルの首都・リスボンのまちなかは、諸聖徒日のミサに参加するため教会へと集う人びとであふれていた。諸聖徒日は、毎年の一一月一日に行われるキリスト教の祝祭である。一八世紀のポルトガルは、大航海時代の繁栄をオランダに奪われ、その後は世界的な覇権を確立したイギリスのかげに隠され、世界史の表舞台からは姿を消していた。だが、リスボン市内は、随所に昔日の栄華の跡をとどめていた。この日、マグニチュード八・五の超巨大地震がこのまちを襲った。

午前九時半頃、最初の地震がやって来た。ミサの祈りをささげていた人びとの上に、教会堂がくずれ落ち、市内の多くの建物が倒壊した。この地震で、市内の建築物の八五パーセントが被害を受けて、二万人が圧死したと言われている。そのほぼ二分後、二回目の地震がやって来た。この地震は、すでに亀裂が走り脆弱になっていた建物のほとんどすべてを破壊して、大火災を発生させた。この火災によって数千人が焼死した。リスボン市はテージョ河という大河が海へ注ぐところに位置している。市民は、この河岸近くに避難の場所を求めたのである。正午頃に、三回目の地震が襲った。その後、一〇メートルを超す大津波が、三回にわたって来襲した。この巨大津波は、火災をさけて河辺の空地に避難していた五万人を、一瞬にして飲みこんだのである。人口が約三〇万人の当時のリスボン市にとっては、その四分の一をうしなう大惨事であった。

国王ジョゼ一世は、臣下のマルケシュ・デ・ポンバルに何をなすべきかと下問した。ポンバルは、死者を埋葬し、生者に食を与えることが最も肝要と答え、国王の許しを得てみずから陣頭に立って、リスボン再興に力をふるった。リスボンの復興と再開発が成功したことで、ポンバルへの国王の信任は厚くなり、彼の権勢は、ほかに並ぶものがないものとなった。彼は余勢をかって、国内政治の改革を断行している。

今日、リスボンの中心部に見られるまっすぐで広い道路と、それをつなぐ広場の幾何学的な都市構造は、この時にできあがったものである。地震の被害を受けたリスボンの中心部は、中世的なたたずまいの都市から近世的な都市へと変貌したが、地震の被害を受けることの少なかったあたりは、中世的な面影を残した旧市街として、今日、観光スポットにもなっている。

超巨大地震の被災は、ポンバルというカリスマ性のある人物をポルトガルの国政の場に登場させ、彼を触媒として、都市の近代化をもたらしたと言える。

大疫病——ペスト

ペストは、一四世紀の半ばには、わずか三年ほどの間に、ヨーロッパだけで二五〇〇万人から五〇〇〇万人を殺したと言われている。これは、当時のヨーロッパの人口の、四分の一から二分の一に相当する。

ヨーロッパにおけるペスト流行の起源は、一〇九六年から始まり、その後一三世紀の後半まで七回にわたって行われた十字軍の遠征と、モンゴル帝国の西方への侵入による東西物流の拡大にあった。もともとインドなどに棲息していたペスト菌に感染したクマネズミが、この東西の物流に乗って移動したのである。まず、シルクロードに沿ってペストが広がり、一四世紀半ばには、東方との交易がますます広く行われるようになっていたヨーロッパに入ってきた。ペストを媒介するのは、感染したネズミに寄生するノミで、このノミがヒトの血を吸う時に、ペスト菌を注入するために、ヒトがペストに感染する。

ジョバンニ・ボッカチオの作品『デカメロン――十日物語』は、一三四八年にイタリアのトスカーナ地方を襲ったペストをさけて、田舎の荘園に集った一〇人の男女によって語られる一〇〇編の小話集である。村々や町々には埋葬されずに放置された死体があふれ、人びとは信仰心も道徳心もうしなってしまった。子供を捨てる親、妻を見殺しにする夫、堕落する聖職者やペストを恐れて隠棲するもの、恐怖にかられて享楽にふけるものなど、さまざまな地方の、さまざまな人びとがえがかれている。

ペストはくりかえしヨーロッパ各国を襲っている。ペストの終息を感謝して建てられた教会や、いわゆるペスト退散塔などがヨーロッパの各地に残されていることからも、その犠牲がいかに大きかったかがわかる。

ペストの大流行のなかでも特によく知られているのが、一六六五年にロンドンで発生したロンドン大疫病である。

『ロビンソン・クルーソー』の作者であるダニエル・デフォーは、四、五歳の幼児期にこのペストの大流行を経験した。彼は自分自身の体験と当時利用が可能であった資料をもとに、一七二二年に『疫病流行記』を著している。その書き出しは次のようなものである。

「まぎれもなく一六六四年の九月のはじめころ、近所の人たちにまじってよもやま話をしていた時、オランダではまた疫病がぶり返したらしい、ということを聞きました」

ペストはロンドンに入り、翌一六六五年の夏をすぎる頃、流行の頂点に達する。デフォーは次のように書いている。

「もう九月にさしかかっていましたが、思うに、この月は今までロンドンでは見られなかったほど恐ろしいものでした。それというのも、従来ロンドンをおそった疫病流行の記録に全部あたってみたところ、今度のようにひどいものは見あたらなかったからです」

現代の歴史学者の研究では、この年のペストによる死亡者は七万五〇〇〇人ほどだったと推定されている。

イギリスの社会・経済史の専門家のジョン・ハッチャーは、一一〇〇年から一五二五年までのイギリスにおける人口動態を研究しているが、彼の研究によると一一〇〇年頃には二〇〇万人前後であったイギリスの人口が、その後の二〇〇年間に四〇〇万人から六〇〇万人の範囲にまで急増している。しかし、人口の増加が頂点に達した一三〇〇年代の半ば、すなわち一四世紀の中葉には、イギリスの人口は二五〇万人前後にまで、突如、急落している。この専門家によると、急激な減少はペストによるものだという。その後イギリスの人口は、ほぼ二五〇万人前後のレベルを保って、ほとんど変わることなく一五二五年まで推移している。

ペストは明らかに災害である。この被害を受けて、ヨーロッパの人口は激減した。このような大災害が、社会になんの影響も与えずに通りすぎることはない。ペストが大勢の人びとを殺した結果、中世ヨーロッパは、労働者不足になったと言われている。人手不足は、単純労働の価値を高めたため、労働の集約化と省力化をはかる必要がでてきた。そのことが技術革新への社会的なモティベーションを高めたと言う。ペストによる破壊は近代的な精神の誕生の場を用意したとも言えよう。

また、有効な治療方法も予防法もなく、ボッカチオが『デカメロン——十日物語』のなかで「おお、いかに多くの壮大な宮殿、いかに多くの立派な館《やかた》、いかに多くの見ごとな住宅が、嘗つては多くの僕婢を置き、貴紳淑女を住まわせていたのに、今は誰も住まなくなって、召使一人さえいなくなってしまうとは。おお、いかに多くの由緒ある門閥、いかに莫大な遺産が、いかに世に知られた富が、今は相続すべき子孫もなしに空しく遺《のこ》ってしまうとは」と悼んでいるように、貴賤の別なくもたらされた大勢の死者は、中世ヨーロッパ諸国の支配階層の弱体化を招いた。ペストが、西ヨーロッパの封建制の崩壊をはじめ、宗教改革やルネッサンスの遠因となったというのは、あながち無理な推理ではない。

さて、ロンドンにおけるペストの大流行、すなわち、ロンドン大疫病が終息をむかえた次の年の一六六六年に、ロンドンは大火災に見舞われたのである。

ロンドン大火

大火が焼きつくす以前のロンドンは、ペストをはじめとする感染症の巣窟であった。狭い路地の中央を流れる下水道は、生活廃棄物であふれ、路上にせり出して建てられた木造の家々は、人びとであふれていた。人口は五〇万人。当時のヨーロッパ最大の都市であったロンドンは、霧が多く日照が少ないため、過密な人口とあいまって、衛生状態はきわめて悪かった。そして、まさにロンドン大疫病のあった翌年、一六六六年に、ロンドンは、途方もない大火災に見舞われたのである。

九月一日の真夜中近く、プディング通りのトーマス・ファリナーのパン焼窯から出火した。時の国王チャールズ二世のためのパンを焼く、王室御用達のパン屋が火元だった。何週間も雨が降らず、ロンドンは乾燥しきっていた。たちまちのうちに火は密集した倉庫街に燃え移り、午前二時頃から吹きはじめた北東の強い風に煽《あお》られて、テムズ河岸の地域まで達し、午前七時頃までにテムズ河の北側の市街地を焼きつくした。

出火後一二時間経った九月二日の正午に、ロンドン市長は、火の進行方向にある建物の破壊を命じたが効果はなく、翌日の三日にも、火は燃えつづけた。そして四日の午後には、セント・ポール大聖堂が全焼し、夜遅くにはロンドン塔にまで火の手は迫った。当時、ロンドン塔には大量の火薬が蓄えられていた。だが、消防隊の必死の努力の甲斐あって、ロンドン塔はなんとか類焼をまぬかれ、さしもの大火も五日になって鎮火した。

焼け残ったのは、旧市街のなかでは二割ほどであった。被災者はほぼ二〇万人、死者は数名であった。これだけの大火にもかかわらず、死者が少なかったことは、不幸中の幸いであった。大勢の被災者には、食料も水も衣料もなかった。国王は、近郊の町や村に被災者の救援を命じた。彼らを一時的に収容し、食事や衣類、寝る場所を提供させたのである。

ロンドンの復興が始まった。王立建設委員会のクリストファー・レンらは、ロンドン市内の各所に大きな広場を配置して、それらを広く直線的な道路で結ぶことや、不快な臭いや騒音をだす工場や作業場を、住宅地区から締め出すこと、テムズ河岸には倉庫街ではなく、庭園と邸宅を配置することなどを提案している。国王チャールズ二世は、レンらの提出した復興計画の多くを採用した。チャールズ二世が特に重視したのは、ロンドン市内に、木造建築物をつくることを禁じたことであった。「何人も、いかなる理由によろうとも、また建物の種類・大小を問わず、レンガまたは石以外で建物をつくるべきではない」というのが、国王の命令であった。

ロンドン復興は、息の長い努力のたまものである。五年後になって、個人の住宅や公共施設がそろいはじめ、セント・ポール大聖堂は、四四年後の一七一〇年になってやっと完成した。

ロンドン大火のあとに、ロンドン市は面目を一新した。地下に埋めこまれた広い下水道網と広い街路をもった近代都市が誕生したのである。その姿は、今日のロンドンとあまり変わらないものとなっている。衛生状態が大幅に改善されたため、大火前にたびたび猛威をふるっていたペストも、その後、流行することはなくなった。災害が都市の近代化と効率化をもたらした典型的な事例である。

二〇〇三年ニューヨークの大停電

ニューヨーク。二〇〇三年八月一四日は、蒸し暑い一日だった。それまでが例年より低温気味だったので、最高気温の三三度はたえがたかった。出勤時間の早いサラリーマンの帰宅が始まる時刻になっても、まちなかの暑さは去らなかった。午後四時一一分、突然、大停電が発生した。

ニューヨークを巻きこんだ北米大停電は午後四時六分にはじまった。最初はオハイオ州のアクロンから大津波のようにアメリカとカナダに広がり、七分間に二六三発電所の五三一基の発電機を緊急自動停止させたのである。このなかには、アメリカとカナダの原子力発電所の二一基（アメリカ九基、カナダ一二基）も含まれている。アメリカの八つの州、カナダの二つの州で合わせて五〇〇〇万人が停電の被害を受けた。これらの自動停止は、まるで将棋倒しのように連続して発生したのである。

ニューヨークのオフィスや、地下鉄の車内に閉じこめられた人々の最初の反応は、「これはテロではないか」という驚愕《きょうがく》だった。彼らの関心は、停電がいつ終わるかではなく、テロであるかないかだった。四週間後に、九・一一の同時多発テロから満二年をむかえるので、人々はテロの脅威に敏感になっていた。この瞬間、八〇万人が地下鉄や車のなかで身動きできない状態だったのである。ブッシュ大統領、パタキ・ニューヨーク州知事が、即座に停電がテロと関連のないことを明言したのは、混乱を未然に防ぐために有効だった。カー・ラジオや携帯ラジオで、停電の原因がテロでないことを知った人々は、ホッと胸をなでおろしたのである。

ニューヨーク市では、市警を中心に一万人の警察官が配備された。市長直属の緊急事態管理局（ＯＥＭ）は、市の警察・消防・衛生部局の活動を調整して、厳戒態勢を敷いたため、市内の治安は完全に維持された。マンハッタンでは、帰宅できない人や旅行者など合わせて数万人が、駅や歩道に新聞紙を広げて寝たが、盗難の恐れや犯罪の被害はほとんどなかった。普段なら、とても考えられないことである。

停電後、二四時間以内に、八万件の警察への緊急通報、五〇〇〇件の救急車の出動要請、八〇〇件のエレベーターからの救出、六〇件のロウソクが原因の火災があったが、警察による逮捕者は八五〇人で、この時期のいつもの一日よりも一〇〇人ほど少なかった。

企業や金融機関では、コンピューターのバックアップ機能が働いて、突然の停電にもかかわらず、データがうしなわれることはなかった。病院などの自家発電装置は、おおむね支障なく作動した。ここにも、テロ後、緊急事態に強くなったニューヨークの真の姿を見ることができる。

市民が交通整理をしたり、ロウソクを配るなど、九・一一を経験したニューヨークには、より強い連帯感と愛他精神の発露が見られた。ブルームバーグ市長の「落ちついて家に留まり、換気のため窓を開け、お互いに助けあい協力してください」というメッセージも不安解消に効果があった。市民が困ったのは、食料の調達が難しかったこと、銀行の現金自動支払機や、携帯電話が使えなかったことだ。携帯電話の不通は、通話量の急増とアンテナの非常用バッテリの容量不足によるものだった。また、市の衛生当局が市内の病院などで行った調査によると、腐敗した食物を食べて食中毒にかかった人が、いつもより多かったというが、それ以外に大きな混乱は見られなかった。

ニューヨークの大停電は今回がはじめてではない。一九六五年にも、一九七七年にも、大停電に見舞われている。特に、一九七七年七月における大停電の二五時間には、略奪、強盗、暴行が横行し、三八〇〇人の逮捕者をだした。この時と比べると、テロ後のニューヨークでは、安全への市民の求心力が著しく強められている。大停電を乗り切ったこのまちに、緊急事態に強くなった大都市のひとつのモデルを見ることができる。

大停電の原因については、アメリカのエネルギー省とカナダの天然資源省の合同調査委員会が、一一月一九日に中間報告書を公表した。それによると大停電の発端は、アメリカオハイオ州の電力供給会社ファースト・エナジー社所有の三系統の送電線に、樹木が接触してショートしたことにあった。この単純な事故に、コンピュータの不具合で送電網の電圧監視装置が正常に機能しなかったことと、ファースト・エナジー社職員の安全基準違反とが重なって、異常な電流が送電網に送られたため、安全装置が働いて発電機が緊急自動停止した。その結果、大停電が発生したという。電気は、生産と消費が同時に生じる特異なエネルギーである。発電所、変電所、消費者を結ぶ複雑な送電網は、あたかも私たちの脳のニューロンのようなネットワークをもっている。そのネットワークを流れる電力はつねに変化している。どこかで異変が生じると、その異変は、直ちに全体に波及してカタストロフィを生じる危険がある。電気は生き物というのが実感だ。

最近では、九月二八日に、イタリアで全国的な停電が発生している。この時には五七〇〇万人が影響を受けた。ほぼ同時刻に、スイスのジュネーブ、オーストリア南部でも停電が発生した。電気は国際的に売買される商品でもある。たとえばイタリアでは、国内で消費される電力の一七パーセントを、フランスとスイスから輸入している。イタリア政府は、この大停電の原因は、フランスとスイスの送電網にあると非難しているが、本当の原因はいまだ不明のままである。

イタリアでの大停電の数日前、九月二四日には、デンマーク東部とスウェーデン南部で、大規模な停電が起こり、五〇〇万人が被害を受けた。日本でも同様なことが起こらないという保証はない。その時、大停電を経験したことのない、私たちはどんな状況におちいるのだろうか。

これまで述べてきたように、災害は、被災社会システムをリスクの大きい、それ自体の浮沈がかかった重要な意思決定の場面に直面させる。被災の程度や被災社会システムの活力、外部環境社会からの援助の質と量が、災害復興の最も重要な要素であることは間違いない。だが、もうひとつの重要な要件がある。それは迅速かつ適切な意思決定を行う、優れたリーダーの存在である。リスボン大地震の際のポンバルや、ロンドン大火後に復興計画を策定したレンのような卓越した人物の存在が、災害復興の最終的な成果を決める重要な鍵になると言ってよいだろう。

新しい時代には新しい災害がある。小さな偶然の事故と人為的なミスが重なると、私たちの最も重要なエネルギーである電気が、完全にストップしてしまう北米大停電のような、思わぬ大災害が発生する。だが、それほど心配することはない。新たなる災害は、次の新たなる災害に対処する力を与えてくれる。九・一一の同時多発テロ後のニューヨークにも同じ原則があてはまる。大停電を混乱なく切り抜けたニューヨークには、テロの教訓が生きていたのだ。私たち人間は、災害を乗り越え、そこから学び、そして新たな災害に備えていく能力をもっているのである。

エピローグ　「天」と「人為」の狭間に生きる人間として

二〇世紀は戦争の世紀であった。二一世紀は、もしかすると災害の世紀かもしれない。科学技術の開発が加速され、私たちの生活のテンポがゆっくりした歩みから疾走状態になった。災害と遭遇する機会は、今後、ますます増えていくものと思われる。本書は、そのような前提のもとに、災害とどのようにつきあっていったらよいか、そのための基本的な考えかたを述べている。

災害の犠牲者一人ひとりの悲劇については、深い哀悼の気持ちを忘れてはならない。被災をバネにした防災への努力と、けっして〝忘災〟しないという覚悟が必要だ。だが、いかに努力しても、完全な防災は不可能である。災害は、私たちの裏をかき、隠れた弱点をあばくのである。不老不死は不可能であり、また、桃源郷は現実には存在せず、私たちは生身の人間であり、現代文明はさまざまな欠陥をもっているとすれば、私たちはその弱点を狙い撃ちしてくる災害とともに、生きていかざるをえない。だが、このことを悲観的にとらえる必要はない。私たちは災害を生き抜く力をもっているし、災害を変化への転機として利用するすべも心得ている。

人間は、異常とも言える好奇心をもち、つねに未知なる領域のなかに分け入ろうとする性向をもった存在だ。あくことなき科学的な探究と技術開発への情熱は、そのような性向のひとつの表われでもある。だが、やみくもに前に進もうとすること、また、その成果を普遍化して利用しようとする度を越した努力は、同時にわれわれの前につねに新しい災害をもたらすことになる。だがその一方で、強烈な探究心をもち、研究熱心、開発熱心であるおかげで、降りかかる災害をなんとか制御するすべを手にすることができる。諸刃の剣を携えて未知なる領域を進まなければならないのが、われわれ人間の宿命でもある。緊張を緩めるわけにはいかない。油断すると、思わぬ大災害に出合いその犠牲になる。大自然もウイルスも細菌も「かしこい」のである。われわれが決定的な制御の方法を手に入れたと思った瞬間、彼らは、それを無効にするように変身して現われる。食うか食われるかの世界で、一方が完全な勝利者になるということはありえない。こちらと同様、むこうにも生存や存続がかかっている。自然災害にも疫病にも人為災害にも、共通の原理が働いている。

ひとつの事例をあげよう。サーズ（ＳＡＲＳ　重症急性呼吸器症候群）は、二〇〇二年の一一月以前に中国で始まった。始まった時期が曖昧なのは、国家自体の信用をも傷つけてしまった秘密主義のゆえに、科学的な調査が不完全で正確な疫学データが公表されなかったためだ。そして、今年の七月はじめに、カナダで最後の患者が報告されて流行は終息した。世界保健機関（ＷＨＯ）の集計によると、世界中の患者の累計は八四三七人で、そのうち死者は八一三人であった（二〇〇三年七月一一日現在）。流行の抑制と侵入の阻止のために世界中が厳戒体制を敷き、各国が空港での検疫や大がかりで徹底的な隔離政策を実施した。その結果、一応の拡大をくい止めることができたのは、ごく最近のことである。ここで一応の拡大阻止という言葉を用いたのは、どこかにまだ無症候の感染者が残っている恐れがあり、また、ヒトへのサーズ・ウイルスを媒介する中間宿主が確かめられておらず、感染経路も不明なため、サーズ再燃の可能性があるからだ。このような感染症の大流行の事例は、災害と人間相互の関係を端的に示している。

現代における災害の特徴とも言えるのだが、サーズは、感染者や死亡者の数に比べて心理的・経済的影響が大きかった。流行地域はもちろん、世界中の人びとがサーズの感染を恐れてパニック状態におちいった。そこで、各国政府は、思い切った対策をとった。これは客観的に見れば過剰反応である。人権への配慮が足りなかった面もある。しかし、この種のリスクの場合には、過剰反応が感染拡大を阻止し、人びとの不安を沈静化するうえでは、むしろ必要であったのかもしれない。震災対策でもそうだが、沸騰《ふっとう》する人びとの不安に対処する必要性も含めて、リスク管理は徹底したものでなければならない。火元である中国の経済は、一九八九年の天安門事件以来の損失をこうむった。最初の段階で、災害リスクにまともに取り組もうとしなかった危機管理の失敗のつけがまわって来たためだ。これは誤った秘密主義が、結局のところ高いものにつくという教訓を残した。

二〇〇一年九月一一日のアメリカにおける同時多発テロ以降、世界的に海外旅行を控える傾向が強まるなかで、低迷していた航空業界をサーズという激震が直撃した。高速で大量の輸送手段であるハイテク科学技術の結晶とも言うべき、航空機のこれほどまでの発達がなければ、サーズやエイズのような感染症が、これほど急速に世界中に拡散することはなかっただけに、航空業界への打撃はなんとも皮肉な結果である。だが、よく考えてみると、現代の高度な科学技術の進歩がなければ、サーズの原因ウイルスの特定もできず、流行の拡大をこれほど短期間に抑えることも不可能だったろう。サーズが中世ヨーロッパで発生していれば、ペストなみの死者をだしていたかもしれない。これは災害を制御する手だてが、私たちの側にあることを示している。

事情はエイズについても同じである。エイズによる死者は、ペストやコレラが殺した人びとを上まわると推定されている。しかし、いまのところ、けっして完全とは言えないが、一応の予防法は確立しているし、完全治癒こそのぞめないが、さまざまな治療薬が開発され、感染後、長期にわたって未発症の段階をすごすことができるようになった。また、発症後の病状の進行も、かなり遅らせることができる。エイズが慢性疾患になったと言われるゆえんである。感染症の新たな流行だけに限っても、サーズやエイズだけが問題なのではない。西ナイルウイルスの流行地域の拡大、新しいハンタウイルスの出現のように、そしてまた、従来の薬に耐性をもった結核やマラリアの流行のように、新たなリスクが続々と生まれている。これは自然災害の場合も同じである。私たちは、この世界がいま胚胎している災害、誕生したばかりの災害、成長しつつある災害に、不断の対処を迫られている。新たな災害に出合い、それを乗り越えたかと思うと次の災害が待っているという世界に、私たちは生きている。

先日、私はテレビの番組で、ジャングルのなかの洞窟の奥深く、日の光も入らぬまっ暗闇に、コウモリが何万匹も棲んでいて、その糞が地面にうずたかく積もっている光景を見た。興味深かったのは、暗黒の世界で、コウモリの糞を分解し、それを餌にする生物たちの食物連鎖が形成されていることだった。明らかにコウモリが棲んでいることで、新しい生態系ができ、そこには別の世界が出現しているのである。人間は、コウモリよりも巨大な存在である。この地球を席捲し、その生産物も廃棄物もまた厖大《ぼうだい》で多種多様だ。人間がこの地球に生息することで、洞窟のなかのコウモリがつくり出した新世界とは桁違いに複雑で広大な領域に新しい生態系をつくり出し、自然環境に重大なインパクトを与えている。そのように巨大化した人間にとって、その生存を脅かす災害とはいったいなんなのだろうか。おそらく、それは人間自身だろう。

いつの時代、どの社会にあっても、災害は、私たち人間の環境への働きかけに対する、環境側からの反応でありつづけた。私たちがどのような〝生〟を営むかによって、災害は驚くほど多様な顔をもって現われる。地震や洪水などの自然災害だけでなく、それと同じ程度に、感染症の大流行や各種の公害、さまざまな人為災害に、この原則はあてはまる。かつて災害は神の摂理または霊的な意思にもとづいて実現される超自然的なことわりであると考えられていた。その主題は、災害をあやまてる人為に対して下される天為としてとらえることであった。

二つの災害観を並べてみよう。まず、「天誅説《てんちゅうせつ》」と呼ぶことのできる考えかたである。人びとが犯す人倫に反した悪徳や頽廃に対して、天は災害を下して罰するという見かたである。キリスト教の旧約聖書では、古代都市のソドムとゴモラは、神の怒りにふれて天上からの業火によって滅亡したとされているし、ギリシャ神話の全能の神ゼウスは、天空を戦車で疾駆して、雷を発して悪を倒すと信じられていた。

もうひとつの考えかたは、災害とは、天が人びとにその非を知らしめるメッセージだとする災害観である。これを「天譴説《てんけんせつ》」と呼ぶ。人びとが悪業をあらため、正道に戻れば、天もこれを認めて災害を止めると信じられていたのである。

これらの考えかたに共通するのは、〝天為〟と〝人為〟の相関である。天誅説も天譴説もそれ自体は荒唐無稽だが、環境と人間との関係に災害の起源を求めるというのは間違いではない。災害は、自然環境中にある災害因と、私たちの側の脆弱性《ぜいじゃくせい》とが結びついたところで発生する。災害は、人間自体の行為の結果がみずからにかえってくるプロセスである。自然災害にしても感染症の流行にしてもあるいは人為災害にしても、神ならぬ身である私たちが生きている限り、各種災害の被災はさけられない。そうであるならば、できうる限り災害を制御しながら、災害とともに生きていく覚悟が必要だろう。災害を所与の条件と考えて生きていくのが、賢明な生きかたではないか。

最後になってしまったが、本書の執筆にあたっては、資料と原稿の整理をしていただいた高梨靖恵さんには大いに助けられた。また、集英社の大浦慶子さんの適切なアドバイスは、本書を構想するうえで大いに役立った。お二人に心から感謝いたします。

また、本書が奇しくも阪神大震災九周年の同月に刊行されることに、深い感慨を覚える。あの災害の被災地で経験したことが、いまの私自身の精神の核になっている。

著者

参考文献

第1章

Becker, A. & Grünewald, U., Flood risk in Central Europe. Science, 300, 2003, 1099.

Erikson, K.T., Everything in It's Path : Destruction of Community in the Baffalo Creek Flood. Simon & Schuster, 1976.

広瀬弘忠編『巨大地震――予知とその影響』東京大学出版会　一九八六

北原糸子　〝享保〟飢饉と町方施行――〝仁風一覧〟の社会史的意義「日本史研究」八月号　一九八一　一―三八

ジュディス・ハーマン、中井久夫訳『心的外傷と回復』みすず書房　一九九六

Lifton, R.J., Death in Life : Survivors of Hiroshima. Random House, 1967.

倉田百三　震災に就いての感想「改造」大震災号　一九二三　一八〇―一九三

Oliver-Smith, A., Yungay avalanche of 1970 : Antholopological perspective on disasters and social change. Disasters, 3, 1, 1979 (a), 95–101.

Oliver-Smith, A., Post disaster consensus and conflict in a traditional society : The 1970 avalanche of Yungay, Peru. Mass Emergencies, 4, 1979 (b), 39–52.

竹久夢二　變災雑記「改造」大震災号　一九二三　二二四―二三〇

Welfenstein, M., Disaster : A Psychological Essay. Free Press, 1957.

第2章

Culotta, E., Asian hominids grow older. Science, 270, 1995, 1116–1117.

Drabek, T.E. & Stephenson, J.S., When disaster strikes. Journal of Applied Social Psychology, 1, 1971, 187–203.

広瀬弘忠編『巨大地震――予知とその影響』東京大学出版会　一九八六

McCurdy, S.A., Epidemiology of disaster-The Donner Party (1846–1847). Western Journal of Medicine, 160, 1994, 338–342.

Moore, H.E., Bates, F.L., Layman, M.V. & Parenton, V.J., Before The Wind : A Study of The Response to Hurricane Carla. National Academy of Science, National Research Council, 1963.

Templeton, A.R., Out of Africa again and again. Nature, 416, 2002, 45–51.

Wanpo, W., Ciochon, R., Yumin, G., Larich, R., Qiren, F., Schwarcz, H., Yonge, C., de Vos, J. & Rink, W., Early homo and associated artifacts from Asia. Nature, 378, 1995, 276–278.

第3章

Gottfried, R.S., The Black Death : Natural and Human Diseases in Medieval Europe. Free Press,1983.

Moore, H.E., Bates, F.L., Layman, M.V. & Parenton, V.J., Before the Wind : A Study of the Response to Hurricane Carla. National Academy of Science, National Research Council, 1963.

Perry, R.W., Lindell, M.K. & Greene, M.R., The Implication of Natural Hazard Evacuation : Warning Studies for Crisis Relocation Planning. Battelle, Human Affairs Research

Centers, 1980.

第4章

Best, R.L., Investigation Report : The Beverly Hills Supper Club Fire, Southgate Kentucky, May 28, 1977. National Fire Protection, Fire Investigation Department, 1977.

Lawson, R.G., Beverly Hills : The Anatomy of Nightclub Fire. Ohio University Press, 1990.

Quarantelli, E.L., The behavior of panic participants. Sociology and Social Research, 41, 1957, 187–194.

Smelser, N.J., The Theory of Collective Behavior. Free Press, 1962.

Veltfort, H.R. & Lee, G.E., The Coconut Grove Fire : A study in scapegoating. Journal of Abnormal Psychology, 38, 2, 1943, 138–154.

第5章

Bates, F.L., et al., The Social and Psychological Consequences of Natural Disaster : A Longitudinal Study of Hurricane Audrey. National Research Council Disaster Study, 18, 1963.

Erikson, K.T., A New Species of Trouble : Explorations in Disaster, Trauma, and Community. Norton & Company, 1994.

India's latest earthquake. Nature, 365, 1993, 476.

Lifton, R.J., Death in Life : Survivors of Hiroshima. Random House, 1967.

第6章

Bryan, J.H. & Test, M.A., Models and helping : Naturalistic studies in aiding behavior. Journal

of Personality and Social Psychology, 6, 1967, 400–407.
ケント・ハールステット、中村みお訳『死の海からの生還――エストニア号沈没、そして物語はつくられた』岩波書店　一九九六
Lifton, R.J., Death in Life : Survivors of Hiroshima. Random House, 1967.
Schwartz, S.H. & Howard, J.A., A normative decision-making models of altruism. In J.P. Rushton & R.M. Sorrentino (eds) Altruism and Helping Behavior : Social Personality and Developmental Perspectives. Lawrence Erlbaum Associates Publishers, 1981.
Simon, H.A., A mechanism for social selection and successful altruism. Science, 250, 1990, 1665–1668.
菅　磨志保　災害救援とボランティア―新たな災害救援とボランティア―新たな災害救援主体の可能性と課題「日本都市学会年報」二〇〇三　三六、三八―四五

第7章

ボッカチオ、野上素一訳『デカメロン―十日物語』岩波書店　一九四八
Defoe, D., A Journal of The Plague Year. 1722.（泉谷治訳『疫病流行記』現代思潮社　一九六七）
Editors of Encyclopedia Britannica, Disaster : When Nature Strikes Back, Bantam/Britannica Books,1978.
藤本建夫編『阪神大震災と経済再建』勁草書房　一九九九
Haas, E.J., Kates, R.W. & Bowden, M.J., Reconstruction Following Disaster. MIT Press, 1977.
Hatcher, J., Plague and English Economy. The Macmillan Press Ltd, 1977, 348–1530.

柄谷友香「巨大災害発生に伴う被害過程の定量化に関する研究」博士学位論文　京都大学　二〇〇二
Perry, R.W. & Hirose, H., Volcanic eruption and functional change : Parallels in Japan and the United States. Mass Emergencies, 1, 2, 1983, 231-253.
Prince, S., Catastrophe and Social Change. Doctoral Thesis, Colombia University, 1920.

広瀬弘忠(ひろせ ひろただ)

一九四二年東京生まれ。東京大学文学部心理学科卒業。東京女子大学文理学部教授。専門は災害心理学。『生存のための災害学』(新曜社)、『酸性化する地球』『人類にとってエイズとは何か』(ともにNHKブックス)、『巨大地震―予知とその影響』(編著・東京大学出版会)など著書多数。

人《ひと》はなぜ逃《に》げおくれるのか

集英社新書〇二二八E

二〇〇四年一月二二日 第一刷発行
二〇二〇年四月 八 日 第一二刷発行

著者……広瀬弘忠《ひろせひろただ》
発行者……茨木政彦
発行所……株式会社集英社
東京都千代田区一ツ橋二-五-一〇 郵便番号一〇一-八〇五〇
電話 〇三-三二三〇-六三九一(編集部)
〇三-三二三〇-六〇八〇(読者係)
〇三-三二三〇-六三九三(販売部)書店専用

装幀……原 研哉
印刷所……大日本印刷株式会社 凸版印刷株式会社
製本所……加藤製本株式会社

定価はカバーに表示してあります。

ISBN 978-4-08-720228-1 C0211
Printed in Japan

a pilot of wisdom